神尾達之

ピュグマリオン・ラブ

他者なき世界における他者への愛

論創社

「人がひとりでいるのは良くない。
彼のために、ふさわしい助け手を造ろう」。

（創世記第2章）

ピュグマリオン・ラブ――他者なき世界における他者への愛　◉目次

0. レプリカントに導かれて

２０１７年、『ブレードランナー ２０４９』が公開された。そのちょうど２０００年前の西暦17年は、『変身物語』の作者であるオウィディウスが没した年だった。『ブレードランナー ２０４９』は、オウィディウス没後２０００年を記念しての映画ではもちろんなかった。だが、オウィディウスが撒いた種が、この映画のなかでも花を咲かせた。

『ブレードランナー ２０４９』は１９８２年に公開された『ブレードランナー』（映画の背景となっているのは２０１９年）の続編である。主人公のリック・デッカードは、本来は彼が抹殺しなければならないレプリカントであるレイチェルに強く惹きつけられ、二人は恋におちる。「レプリカント［replicant］」とはバイオ・テクノロジーによってつくられた人造人間のことである。[1] この語が「レプリカ［replica］」という語にさかのぼることは明らかだ。ただし、レプリカには原物（オリジナル）が先行しているのにたいし、『ブレードランナー』におけるレプリカントは原物のない模像であり、映画が公開される前年、１９８１年にフランスで公刊されたボードリヤールの『シミュラークルとシミュレーション』では、[2] このような模像には「シミュラークル」という語があてられていた。

『ブレードランナー ２０４９』では、デッカードとレイチェルのその後の運命が描かれる。二人のあいだにできたと思われる子供をめぐって争いが起こり、この争いが物語を牽引する。『ブレードランナー』では、デッカードが人間であるかレプリカントなのかという判断は保留されていた。いずれにしても、人造人間が自ら次世代の子供を妊娠し出産できるというのは、画期的な出来事である。デッカードとレイチェルの間にはＤＮＡがまったく同じ男児と女児が生まれたらしい。その女児は、免疫不全のためにガラス張りの密閉室ですごすアナ・ステリン博士である。彼女がわずらっている病は、「ガラテア症候群」と呼ばれる。「ガラテア症候群」はそう口にされるだけで、それ以上は説明されない。『ブレードランナー』と『ブレードランナー ２０４９』には、観客の想像力と思考力を刺激する多義的な記号が散種されているが、「ガラテア症候群」もそのような種の一種だ。たとえばそこに、新約聖書の「ガラテヤ人への手紙」が示唆されていると解釈することもできるだろう。ガラテアはまた、オウィディウスの『変身物語』におけるピュグマリオンのエピソードを下敷にした多くの物語において欠かすことができない名前でもある。

面倒な言い方をしたのは、オウィディウスの『変身物語』に登場するガラテアが、[3] ピュグマリオンが造った女性像ではなく、海の神ネーレウスの娘であり、かつ、前者のエピソードは第13巻で、後者のエピソードは第10巻で語られ、相互に関係づけられてはいないからである。それでもやはり、デッカードがレイチェルに心を寄せ、彼女と交わるという筋立ての背後に、ピュグマリオンという人間が美しい女性像を造り、その女性像に命が与えられ、二人が結婚したというエピソードを読みとることは難しくはない。ピュグマリオンと彼が結ばれた女性像との間にも、デッカードとレイチェルの間と同じように、子供が生まれたからである。人間の手によって造られた存在と人間とが愛し合うだけでなく、それによって子供が生まれる、このことが、一度だけなにげなく発せられた「ガラテア症候群」という言葉に含意されている。

共通点をもう一つ挙げよう。ピュグマリオンとガラテアの関係が、『ブレードランナー』では、デッカードとレイチェルの関係に変奏されているとすれば、それは、『ブレードランナー 2049』では、主人公のKとジョイとの関係に移行する。ジョイはメイドと恋人を兼ねる、AIを搭載したホログラムである。象牙であれホログラムであれ、どちらも出自は生体ではない。

共通点だけでなく、2000年を隔てた二つのテクストの違いにも注目しておきたい。ピュグマリオンは自ら象牙を彫って女性像を造ったのだが、デッカードの相手であるレイチェルはタイレル社が製造したレプリカントであり、ジョイもタイレル社を買収したウォレス社の製品だ。享受する主体によってつくられたわけではない。この小さな相違点は、ピュグマリオンないし、ピュグマリオンに観察できる欲望を素材にしたさまざまなテクストを渉猟することで、強い意味を帯びることになるだろう。

『ブレードランナー』は、本書の中心を占める「他者」という概念を説明するきっかけも与えてくれる。周知のように、『ブレードランナー』の主人公であるリック・デッカードという名前は、ルネ・デカルトに由来している。デカルトは実存的な存在としては人間しか想定することができなかったが、セックス用のレプリカントであるプリスは、「我思う故に我あり」を引用し、デカルトにあらがうかのように、レプリカントも自己意識を持つことができることを予告している。

デッカードはプリスを抹殺するために、彼女が潜んでいるらしい、タイレル社のエンジニアであるセバスチャンの部屋を訪れる。セバスチャンの部屋には、彼がともに生活していた多くの人形が所狭しと並んでいる。プリスは人形になりすましてデッカードに襲いかかるチャンスをうかがっている。人形にたいするデカルトの愛好は、すでに澁澤龍彦『幻想の画廊から』（1967）におさめられた「人形愛あるいはデカルト・コンプレックス」と種村季弘『怪物の解剖学』（1974）におさめられた「少女人形フランシーヌ」で言及されている。デカルトは生涯独身だったが、召使いの女性ヘレナとの間にフランシーヌが生まれた。デカルトはフランシーヌを溺愛していたが、娘は5歳で早生してしまった。種村は、その後デカルトがフランシーヌに似た人形を「肌身離さず持ち歩いて」[4]いたという伝説を紹介している。澁澤はこれを「デカルト・コンプレックス」[5]と命名した。

デカルト自身は、このように人形を生身の人間のように愛する一方で、生身の人間の表層の下に人間ならざる機械が潜んでいるかもしれないとも述べている。デカルトによれば、通りを歩いている人々を窓越しに眺めるとき、普通は「人間そのものを見る」と言うが、しかし徹底的に懐疑することを身上とするデカルトは、「私が見るのは、帽子と衣服だけではないか」と自問し、「その下には自動機械が隠れているかもしれないではないか」[6]、と思考実験する。

デカルトの嗜好と発言を手がかりにして、「他者」という概念を「他人」と区別したうえで規定しておきたい。日常用語としては、両者は同義語だが、本書では、「他人」の集合のうち特定の条件を充たした者を「他者」と呼ぶことにする。「他人」を、「私」以外のすべての人たち、と定義しておく。そうすると、「他者」とは、①「私」が愛情であれ憎悪であれ、強い感情や、あるいは何らかの関心をよせながら、②しかし「私」が完璧にはその人間を理解したり所有したりできず、③「私」がそれを理解したり所有したりしようとするプロセスには、大なり小なりなんらかの障壁が立ちはだかっている「他人」をさす。デカルトの視界に入ってきた窓外を歩く人々は「他人」である。デカルトが溺愛し、デカルトが救済することができず、デカルトの意思に反して早世したフランシーヌは、もちろん「他者」である。フランシーヌの人形は「他者」であったフランシーヌの姿形をとりながらも、実際は物であり、他人ですらないから、「疑似他者」と呼ぶことにしよう。

デカルトと交わりフランシーヌを産んだヘレナは、単なる「他人」ではなく「他者」だったはずだ。あえて「はずだ」と書いたのは、万が一、デカルトが子供を産ませる目的のためだけにヘレナと交わったならば、ヘレナはデカルトにとって自立した一人の人間ではなく、出産のための手段にすぎないからである。これはちょうど、デカルトとフランシーヌを模した人形との関係の逆だ。性交し、自らの遺伝子が継承された子供を産んだ相手の人間をないがしろにするということは、「他者」であったはずの相手から他者性をそぎ落とすことに等しい。このような心の動きに、「脱他者化」という概念をあてることにする。[7] 人間を人形のように扱う（愛するではなく）のが「脱他者化」である。「他者」と「他人」はしかし、截然と区別できるわけではない。グラデーションはある。特定の人物が「私」にとって「他人」から「他者」になることは、恋愛や友情で結ばれた二者関係に見られるが、ときに、「去る者は日々に疎し」の言葉どおり、「他者」が「他人」になることもある。マッチング・アプリなどで知り合りあった相手が、突然音信不通になることは、「ゴースティング」と呼ばれている。"Oxford English Dictionary"によれば2012年が初出である。

本書は、古来のピュグマリオン物語を渉猟することで、脱他者化が頻繁に起こり、疑似他者が増殖してゆくように見える目下の光景のなかで、「愛」と呼ばれるかもしれない心の動きがどのような形をとるのかをさぐる試みである。とりあえず、意味の内実を空洞にしたまま、その「愛」の形に名称だけ付与しておきたい。「ピュグマリオン・ラブ」である。

1　『ブレードランナー』の原作である『アンドロイドは電気羊の夢を見るか?』は1968年に出版されたが、そこでは「レプリカント」ではなく「アンドロイド」という語が使われている。
2　英訳は1983年に出版された。
3　オウィディウスによる『変身物語』の2、3世紀後にアントーニーヌス・リーベラーリスが書いたもう一つの『変身物語』も、「ガラテア症候群」を説明してくれるかもしれない。ガラテアは夫であるランプロスが男児の誕生を望み、女児であれば捨てろと申しわたしていたので、生まれた女児レウキッポスを少年として育てる。しかし、レウキッポスが成長するにつれて女性らしい美しさが際立つようになり、女性であることを隠すことが困難になる。ガラテアはレートーに願をかけて、レウキッポスを男性に性転換してもらう、という筋立てだ。アントーニーヌス・リーベラーリス（安村典子訳）『メタモルフォーシス——ギリシア変身物語集』（講談社文芸文庫、2006）87-91頁を参照。『ブレードランナー 2049』では、デッカードとレイチェルには同じDNAを持つ男女の双生児が生まれ、女児は亡くなり、男児が生き残ったことが示唆される場面がある。主人公のKは自分がこの男児ではないかと思い至る。映画の表向きの筋立てでは、アナが、デッカードとレイチェルの間に生まれた女児として設定されている。それに加えて、二人は双子、二人ともレプリカント、Kが男児でアナはレプリカントという解釈の可能性も排除されていない。このような性別の壊乱に着目すれば、「ガラテア症候群」がリーベラーリスによる『変身物語』で言及されるガラテアに、部分的にであれ由来していると考えることはできるだろう。

4　種村季弘『怪物の解剖学』（青土社、1974）81-97頁。
5　澁澤龍彦『幻想の画廊から』（美術出版社、1967）212-222頁。
6　デカルト（井上庄七、森啓訳）『省察　情念論』（中央公論新社、2002）46頁。
7　マルティン・ブーバーは〈われ〉−〈なんじ〉という関係と、〈われ〉−〈それ〉という関係を区別した。〈われ〉−〈なんじ〉においては、〈われ〉にとって「なにものも対象として存在してはない」。〈われ〉は〈なんじ〉の輪郭線を明確にすることはできない。「〈それ〉は他の〈それ〉と境を接し、他の〈それ〉に限定されてはじめて〈それ〉として存在する」。マルティン・ブーバー（野口啓祐訳）『我と汝』（講談社学術文庫、２０２１）8-10頁。「いる」か「いないか」ということが問われるさいの、「カレシ」と「カノジョ」という言い方は、典型的な〈われ〉－〈それ〉の関係である。その関係がのちに奇跡的に〈われ〉－〈なんじ〉になる可能性は排除できないが……

1. ピュグマリオン物語の範型：オウィディウス

まず、オウィディウス（前43‐後17）の手になる『変身物語』から、ピュグマリオンをめぐる神話の粗筋を確認しておくことにする。[1]

ピュグマリオンは、現実の女性たちを忌避し、独身生活をおくっていた。キュプロス島の町であるアマトゥスの娘たちが、「世界ではじめて、そのからだと美貌とをひさぐ」仕事につき、「汚辱のうちに生活を送っているのを見た」からだ。彫刻の才に恵まれていたピュグマリオンは、象牙を素材にして、「生身《なまみ》の女」を超える美しさをもった乙女の彫像をつくった。ピュグマリオンはこの彫像に恋をし、それに話しかけ、愛撫し、贈り物をした。さらには彫像を「愛《いと》しい妻」と呼んで寝床に横たわらせた。ピュグマリオンはヴィーナス女神の祭りの日が来ると、「象牙の乙女に似た女」を妻としてめとらせてほしいと祈った。家に帰ったピュグマリオンが、横たわる彫像に接吻したり、手でその胸に触れたりしているうちに、乙女の彫像は顔を赤らめる。人間となったこの彫像とピュグマリオンは結ばれ、パポスという娘が生まれた。

ピュグマリオンのエピソードは、売春する女性、美しい女性の彫像、その彫像が変じた（まだ名前がない）女性との性交による娘の誕生というモティーフの系列から明らかなように、男性のセクシュアリティを含意している。しかも、尋常ならざるセクシュアリティだ。

なぜか。

アマトゥスの娘たちに関するエピソードは、ピュグマリオンのエピソードの直前に置かれた別のエピソードとみなすこともできる。中村訳では、そのエピソードには別途、「プロポイトスの娘たちと角男《つのおとこ》」という小見出しが付けられている。語られるのは、「世界ではじめて、そのからだと美貌とをひさぐ」女についてだけではない。それと並んで「角男」も話題になる。一読したところでは、アマトゥスの娘たちへの言及は、ピュグマリオンが生身の女性を嫌悪する理由を説明するために必要だが、「角男」への言及は余計な寄り道のように思われる。アマトゥスの町に住んでいた「角男」たちは、「よそから来た客人」を歓待するという「ユピテルの掟」にそむき、客人を殺害した。ヴィーナスは「角男」たちを罰するべく、彼らを「獰猛な雄牛」に変身させた。その直後に、アマトゥスの娘たちがヴィーナスの神性を否認する。怒ったヴィーナスは、娘たちを「世界ではじめて、そのからだと美貌とをひさぐ」女にしてしまう。それだけではない。娘たちは恥じらいを失い、「頬を赤らめることがなく」なり、「固い石」に変身させられる。「獰猛な雄牛」といい、「固い石」といい、人間と性交することは不可能だ。ピュグマリオンをめぐるエピソードの前史は、生身の人間どうしの性交の不可能性を示唆している。そのうえ、生身の女性が石となり、象牙に彫られた像が生身の女性になる。一方で人間が物質へと格下げされ、他方で物質が人間へと格上げされる。人間と物質が変換可能性なものとして表象されている。

セクシュアリティを強調したこのような読み方は、古典作品を汚す過剰な解釈だとのそしりを免れないかもしれない。私は作者オウィディウスの意図を探りたいのではなく、オウィディウスが残してくれたテクストが、そのほぼ2000年後の読者が置かれた状況と共振することで発生する意味のポテンシャリティに触れることをめざしているのだから、そのそしりを引き受けることにためらいは感じない。ただし、私がそこまで気負って自己弁明しなくても、実はオウィディウスがセクシュアリティに強い関心をよせていたことは、ほぼ明らかだ。『恋の技術』は『変身物語』と並ぶオウィディウスの代表作だが、古典という衣をとれば、いわゆる how to sex を説いてくれる教本である。[2] 周知のようにオウィディウスは後年、流刑の処分を受けるが、その理由の一端は、『恋の技術』の中に風紀を乱しかねない記述があったことのようだ。

『変身物語』に戻ろう。先ほど言及した二つのエピソードにはもう一つ注目しておきたいことがある。ピュグマリオンにとって、アマトゥスの娘たちは汚らわしい存在だった。上述した他者の定義からすれば、ピュグマリオンにとってアマトゥスの娘たちは他者である。ピュグマリオンが彼女たちの生き方を嫌悪したということは、彼が彼女たちに関心がなかったわけではないからだ。ピュグマリオンはそのような他者と向き合うことを避け、自分とは物理的ないし身体的に独立した存在でありながら、自分がいわば生殺与奪の権を握っている他者とみなすこともできる彫像を愛する。この彫像は他者ではなく疑似他者である。また、「角男」たちが歓待の掟を守らず、「よそから来た客人」を殺害したことは、他者がないがしろにされていること、つまり脱他者化を示唆している。

このことは、オウィディウスによるピュグマリオン神話の前後に流通していたと思われる他のヴァージョンからも裏付けられる。クレメンスとアルノビウスは、オウィディウス以前にフィロステファノスが語ったピュグマリオン神話を紹介してくれた。フィロステファノスによれば、ピュグマリオンは象牙に彫られた全裸のヴィーナスに恋をしてしまい、ヴィーナスの像と同衾した。[3]『変身物語』では、ヴィーナスは願をかけられ、それを実現する女神であり、ピュグマリオンの性的欲望の直接の対象ではなかった。オウィディウス以前のピュグマリオン神話には、ピュグマリオンが生身の女性を忌避するという契機は含まれていない。オウィディウスのテクストではやはり、女性の他者性が前景化しているのだ。

後の章で触れることになるので、ヴィーナスの役割についてもここで確認しておきたい。オウィディウス以前は、ヴィーナスはピュグマリオンが交わる直接の相手だった。ヴィーナスは、オウィディウス以降のテクストでも、やはり男性の性交の相手として設定されている。たとえば、ルキアノスが書いたとされる「異性愛と少年愛」では、プラクシテレスの手になるヴィーナスの像を抱擁して射精してしまった青年のエピソードが紹介されている。[4]すでに述べたように、オウィディウスのテクストでは、ヴィーナスとピュグマリオンは身体的に接触しない。ヴィーナスはピュグマリオンの願いをかなえてやる神として位置づけられている。

この章を結ぶにあたって一点確認しておきたい。オウィディウスの『変身物語』におさめられているピュグマリオンのエピソードをピュグマリオン物語の範型としたのは、この神話が種となって、以後、文学、美術、演劇、オペラ、映画、マンガなどで多くの作品が花開いたからである。とはいえ、たとえば紫式部が『源氏物語』の第五帖「若紫」を書いたときには、彼女の脳裏には古典古代のピュグマリオン神話が浮かんでいなかったことは確実だ。そう考えると、ピュグマリオンが抱いていた欲望は、そこから作品の受容史が開始する単なる範型ではなく、時代と文化圏を超えて、人類史に通底する普遍的な元型（archetype）とみなすこともできるだろう。そうなると、まず求められるべきは、この元型の表現型（phenotype）を時系列に沿って整理することである。しかしながら、本書はモティーフの変遷を網羅するような記述をめざしていない。優れた先行研究がすでにあるから、というのが表向きの理由だ。[5] もう一つの理由は、私はピュグマリオン的欲望を他者論の観点から考察したいからである。社会構造の変化とテクノロジーの発展によって、セクシュアリティに媒介された自己と他者との関係が決定的に変異してしまうフェーズが出現した現在の視点から、ピュグマリオン的欲望の系譜を語りたいからである。

1　原則として、『変身物語』の邦訳は、中村善也による訳（岩波文庫、1981）から引用した。以下の引用は下巻、72-77頁。『変身物語』から引用するさいには、必要に応じて、引用文や参照箇所の直後の丸括弧内に巻と頁を挙げることにする。中村訳には、個々のエピソードに小見出しが付けられているために、それぞれをユニットとして扱うことが容易である。高橋宏幸による訳（京都大学学術出版会、2020）も参照した。その詳細な脚注にはおおいに助けられた。

2　性風俗研究家、高橋鉄の主著である『アルス・アマトリア』はオウィディウスによる『恋の技術』の原題だ。

3 Achim Aurnhammer und Dieter Martin (Hg.): Mythos Pygmalion. Texte von Ovid bis John Updike. Leipzig: Reclam 2003. S.15-16.

4 ルキアノス（内田次信訳）「異性愛と少年愛（偽作）」、『ルキアノス選集』（国文社、１９９９）３８０-３８２頁。「異性愛と少年愛」は偽書とみなされることもあるが、ルキアノスは「肖像」（ルキアノス（内田次信、戸高和弘、渡辺浩司訳）、『偽預言者アレクサンドロス』（京都大学学術出版会、２０１３）２７４頁）でも、同じエピソードを引き合いに出している。

5 ピュグマリオンというモティーフに関してはかなり多くの先行研究がある。ピュグマリオンというモティーフが文学だけでなく、彫刻や絵画などのヴィジュアル・イメージでも使われてきたからである。Klaus Völker (Hg.): Künstliche Menschen. Dichtungen und Dokumente über Golems, Homunculi, lebende Statuen Androiden. Frankfurt am Main: Suhrkamp 1994. S.321-364; Henri Coulet (ed.): Pygmalions des Lumières. Paris: Éditions Desjonquères 1998; Achim Aurnhammer und Dieter Martin (Hg.): Mythos Pygmalion. Texte von Ovid bis John Updike. Reclam: Leipzig 2003 の三冊のアンソロジーによって、ピュグマリオンというモティーフが使われている欧米の文学テクストをほとんど網羅することができる。Heinrich Dörrie: Pygmalion. Ein Impuls Ovids und seine Wirkungen bis in die Gegenwart. Opladen: Westdeutscher Verlag 1974 は、オウィディウス以前に見られるピュグマリオンのモティーフについて詳細な解説を加えている点で出色である。Mathias Mayer, Gerhard Neumann (Hg.): Pygmalion. Die Geschichte des Mythos in der abendländischen Kultur. Freiburg im Breisgau: Rombach 1997 は、ピュグ

マリオンのモティーフの20世紀末まで受容史を詳述した論文集で、とくに編者の一人であるG.Neumann による冒頭の論文 "Pygmalion. Metamorphosen des Mythos" は、１９８０年代後半に登場したアダルト・ゲームまでを射程におさめている点で、視点が本稿と部分的に重なるが、その射程はあくまでも20世紀末までである。これとは異なり、Claudia Weiser: Pygmalion. Vom Künstler und Erzieher zum pathologischen Fall. Eine stoffgeschichtliche Untersuchung. Frankfurt am Main: Peter Lang 1998 は、文学作品以外には目配りをしない典型的な文学研究だが、ピュグマリオンのモティーフを美学との関連で考える上で有益である。美術史では、Helmut Friedel (Hg.): Pygmalions Werkstatt: Die Erschaffung des Menschen im Atelier von der Renaissance bis zum Surrealismus. Köln: Wienand 2001 が、ルネサンス以降に変容するピュグマリオンのモティーフのヴィジュアル・イメージを通史的に扱っている。邦語の文献も少なくない。日本における研究の前史としては、澁澤龍彦『人形愛序説』（第三文明社、１９７４）と、種村季弘『怪物の解剖学』（青土社、１９７４）におさめられた「ピュグマリオンの恋」（初出は『ユリイカ』、１９７３年10月号）を挙げなければならないだろう。松村朋彦「ピグマリオンの変貌――人工の身体の名前について」、『希土』第26号（２０００）２-14頁および松村朋彦「ピグマリオンと彫像の恋人――オウィディウスからマゾッホまで」、『希土』第41号（２０１６）１０７-１３５頁の二論文を合わせて読めば、欧米におけるピュグマリオンのモティーフの扱いを概観することができる。高階秀爾『想像力と幻想　西欧十九世紀の文学・芸術』（青土社、１９８６）におさめられた「ピグマリオンの変貌」と、谷川渥『肉体の迷宮』（東京書籍、２００９）におさめられた「ピュグマリオン・コンプレックス」は美術史に定位しながら、小野俊太郎『ピグマリオン・コンプレックス――プリティ・ウーマンの系譜』（ありな書房、１９９７）は映画史に定位しながら、文学や思想史との関連にも言及している。

2. 夢か現か：ジャン・ド・マン

ナルキッソスとピュグマリオンはいずれも、オウィディウスの『変身物語』を知らない読者にもなじみのある神話形象だろう。二人とも強いリビドーに駆動される。自分が彫った理想美を体現する女性像であれ、水面に映った自分自身のイメージであれ、そのリビドーが充足されるはずの対象は、ともに非現実的であるように思われる。逆に、二つの神話形象は類似しているからこそ、その相違点がきわだち、両者が対蹠的であることも明らかになる。かたや人間から植物に変身させられ、かたや象牙や石を人間に変身させる。変身の客体か変身の主体か、という違いだ。水面に映った自分自身に見とれるナルキッソスは「大理石で作られた像のように、身じろぎもせず」、その頸は「象牙のよう」（上、117）だったと描写されている。ナルキッソス自身が彫像化している。さらには、最終的に帰結するのが主人公の死か主人公による生か、という違いもある。

オウィディウスの『変身物語』では、ナルキッソスのエピソードは第3巻、ピュグマリオンのエピソードは第10巻に登場し、相互に関連づけられてはいない。13世紀にジャン・ド・マンが書いた『薔薇物語』第2部で、ナルキッソスとピュグマリオンが接触する。接触するといっても、二人が出会うわけではない。ピュグマリオンは、ナルキッソスと自分との境遇が似ていることから、彫像に恋をしてしまった自らの状態を正当化するために、ナルキッソスと自分の狂気の度合いの違いを強調する。ピュグマリオンは自分が「すっかり正気を失ってしまった」と嘆き、自分を「世界でいちばん頭のおかしな人間」[1]と呼ぶ。そうかといって、「狂気の愛」（331）から自分を解放することはできない。そのときピュグマリオンは、自分よりも「もっと狂おしく愛した者」（331）がいることに思い至る。それがナルキッソスだ。ナルキッソスに比べると、自分のほうが「狂気の度合いは小さい」（331）というのが、ピュグマリオンが自己正当化する理由である。ナルキッソスは「泉のなかに見ている像を所有することができなかった」（331）が、自分はいつでも象牙の像に触れ、その像を抱きしめることができるから、というのがその根拠だ。ピュグマリオンが対面しているのは、単なる二次元のイメージではなく、三次元の物体なのだから。

しかしピュグマリオンは、愛の対象が象牙でできた「物言わぬ像」にすぎないことに耐えられなくなり、「半狂乱」（338）に陥る。オウィディウスが語る神話と同じく、ジャン・ド・マンの物語でもヴィーナスがピュグマリオンの願いをかなえてくれる。『変身物語』では、ヴィーナスがどのような仕方で象牙の像を生身の女性にしたのかについては述べられていないが、『薔薇物語』では、「ウェヌスは像に魂を送り込んだ」（340）と書かれている。この所作は、いつの日か、ヴィーナスならぬ何らかの主体が、象牙の像ならぬ魅惑的な姿をした物体に、魂ならぬ何らかの気（気体であれ気持であれ）を送り込むという操作に転じるはずだが、今はまだ中世の物語にとどまることにする。

象牙の像が生命を得たことを目のあたりにしたピュグマリオンは、それが「幻なのか現実なのかわからず」(341)、ためらう。ピュグマリオンは次のように独白する。

わたしは目を覚ましているのだろうか。いや、そんなはずはない。夢を見ているんだ。けれどもこんなはっきりした夢があるものだろうか。私は夢を見ているんだろうか。絶対にそんなはずはない。起きているぞ。(342)

乙女になった像がこの独白にたいして返答したことで、ピュグマリオンはこれが「現実だとわかった」(342)、と確信する。しかも、乙女は「彼の望むことなら、どんなことでも拒まない。彼が反対すれば、彼女は譲る」(343)。生身の人間であり、ピュグマリオンの愛情が全面的にそそがれてはいるが、彼女は他者ではない。ピュグマリオンにとって、理解しがたい存在ではない。ピュグマリオンにとって、不如意な存在ではない。この乙女は、デカルトにとってのフランシーヌの人形と同じく、疑似他者だ。違いは、この乙女は『薔薇物語』という虚構の中の現実を生きているがゆえに、話すことができる、ということだけである。

ピュグマリオンがナルキッソスと自らを比較して自己正当化する動機は、ナルキッソスとは異なり、自分は現実の世界に開かれているということを示したいからだ。ナルキッソスは自己と自己の鏡像がつくる閉域で安らっているが、そこでは双方が実際に接触し交わることはない。ピュグマリオンの言葉を借りれば、それは「夢」にすぎない。私たちから見れば、ナルキッソスもピュグマリオンもどちらも、愛する対象と通常のコミュニケーションをとってはいない。ナルキッソスの相手は同じ身振りを返すだけだし、音声での返答はエコーによる同じ言葉の反復でしかない。ピュグマリオンの相手の口からは、彼の欲望をかなえる言葉しか聞こえてこない。いずれにしても生身の他者は不在だ。しかしながら、ピュグマリオンの境位からすれば、対象の物質的な手触りと対象からの音声による返答が、自らの「夢」のような体験が現実につながる通路を保証してくれる。オウィディウスのピュグマリオンは現実の女性たちに絶望し、理想の女性像を彫った。ピュグマリオンもまた、「外界から引きはがされたリビードは自我に供給され[2]」るという、フロイトによる「二次的ナルシシズム」の説明どおり、ナルキッソスになるはずだった。しかし、ピュグマリオンはぎりぎりのところで現実への通路にしがみつくことができた。ピュグマリオンは生身の女性となった彫像と結ばれ、なにはともあれ、そのことによって、パポスという子供が生まれたのだから。

先取りしていえば、ピュグマリオンの現実への志向と同じように、ピュグマリオンをめぐる物語自体も、神話の衣をじょじょに脱ぎ捨て、現実世界の出来事に変わっていくことになる。

1　ギヨーム・ド・ロリス、ジャン・ド・マン（篠田勝英訳）『薔薇物語』（ちくま文庫、2007）下巻、330頁。328－344頁による。以下、『薔薇物語』から引用する場合は、当該箇所の丸括弧内に頁数をしるす。

2　フロイト（立木康介訳）「ナルシシズムの導入にむけて」、『フロイト全集』（岩波書店、2010）第13巻、119頁。

3.「私」になる彫像：ド・ラ・モット、ラモー、デランド

ド・ラ・モットのオペラ・バレエ『諸芸術の勝利』の第5幕「彫像」は、17世紀最後の年である1700年に初演された。この台本は後にド・ソヴォによって改作され、ラモーが作曲した『ピュグマリオン』として1748年に初演された。[1] オウィディウスに遡るピュグマリオン神話の範型から逸脱している点が二つある。

『変身物語』のなかでピュグマリオンが女性像を造った動機は、「世界ではじめて、そのからだと美貌とをひさぐ」女であったプロポイトスの娘たちに絶望したからだった。ド・ラ・モットのテクストでは、この末裔が、「娘たち」ではなく、「ラ・プロペティード」という一人の女性として登場する。ラ・プロペティードはピュグマリオンを「恩知らず」とののしり、「この作品は私のライバルよ」[2]と断言する。ラ・プロペティードは自分をピュグマリオンの恋人だったと思っているらしい。ラモーの作品でもピュグマリオンの恋人が登場する。ただし、もはやプロポイトスの娘たちの末裔ではなく、「セフィーズ」という名を得ている。ピュグマリオンは一種の三角関係の構図の中に位置づけられるようになる。

オウィディウスによる神話では言葉を発することがなかったプロポイトスの娘たちが、ド・ラ・モットのオペラ・バレエではこのように一つの人格として語り始める。同じように、ラ・プロペティードの恋敵である彫像もまた言葉を発するようになる。

私は何を見ているの？　私はどこにいるの？　そして私は何を考えているの？／動く力は私のどこから来ているの？／私は何を信じればいいの？　どんな力によって／私は自分の感情を表すことができるの？／でも、目の前にあるそれ［objet］は何？　私の心はうっとりするわ。／それを見ていると、この上なく甘い喜びを感じるの。[3]

ド・ラ・モットのテクストでもラモーのテクストでも、彫像はまだ名を持たない。しかし、彫像は「私」として問いを発している。彫像にはすでに自己意識が芽生えているのだ。ラモーのテクストでは、ピュグマリオンは現実の恋人と美しい彫像とで形づくられる三角関係の中に置かれている。ピュグマリオンをめぐる物語は、じょじょに脱神話化され、現実にまた一歩近づいているようだ。彫像が生命を得ても、それはもはやピュグマリオンの妄想ではない。

ピュグマリオンの世界を知覚するのは、もはやピュグマリオンだけでない。彫像の前にはピュグマリオンが立っている。彫像が口にする、「目の前にあるそれ［objet］」とは、生を得た彫像が生まれてはじめて目にする対象としてのピュグマリオンのことである。ピュグマリオン自身が彫像によって対象化される。相互的な世界が開かれる。他者の場所が準備されるようになる。ラモーの『ピュグマリオン』では、最終的に「人々」が集い、ピュグマリオンは「人々」に語りかける。ただし、「人々」が彫像をどう見ているかは、まだ明らかにされない。18世紀の前半では、「人々」は潜在的な他者として呼び出されるだけである。

ド・ラ・モットとラモーによるピュグマリオン物語と同じく、18世紀前半に書かれたブロー＝デランドの『ピュグマリオン、あるいは命を与えられた彫像』（1741）では、「人々」がよりくっきりとした輪郭線を得るようになる。ピュグマリオンは現実の女性たちを遠ざけ、ひとり創作にいそしむ孤独な芸術家では、もはやない。

ピグマリオンの友人たちは彼に心から惹かれ、ピュグマリオンは彼らと付き合うことで、独力では得られないであろう新しい考えを引きだした。お互いが尊敬することで、友情の絆が強くなった。[4]

ただしピュグマリオンは、「自分とは異なるタイプの真の友人だけに、心を打ち明けた」

(120)。彼をインスパイアする、彼とは性格が異なる友人は、他者にほかならない。ピュグマリオンは夢の中に現れたヴィーナスに導かれるままに、鑿を手にして大理石を彫り、ヴィーナスそっくりの彫像を造りあげる。オウィディウスのテクストでは、ピュグマリオンがその彫像を飾り、抱き、ヴィーナスに願をかけると、彫像は生身の女性となった。このプロセスには他人も他者も介在しなかった。しかしデランドは、ピュグマリオンがつくった美しい作品を賞賛する「目利きたち」(122)を呼び出す。ピュグマリオンが造った彫像は彼だけが見るのではない。美に通じた他の人々も共にその彫像を目のあたりにする。

他者が登場するのは物語の導入部だけではない。彫像が生身の女性となり、ピュグマリオンと交わったあと、彼は花嫁を友人たちにお披露目するために、宴をもうける。ピュグマリオンは彼女と結婚することを誓ったあと、集まった客たちにむかって、「皆さまが証人です」(130)と呼びかける。起こっていることは非現実的であるにもかかわらず、ピュグマリオンが夢から覚めることがあえて言及され、このように他者たちがピュグマリオンの行動の証人として呼び出される。こうして、ピュグマリオンをめぐる出来事の現実性はさらに高まる。

デランドのピュグマリオン物語には、通奏低音のように他者の存在が響いていることは、ピュグマリオンとこの彫像が語り合うという設定からも分かる。オウィディウス以来のピュグマリオン物語では、彫像は美しい女性に変じるだけであり、美しい女性に変じるプロセスや、変じた後の彼女の心情は詳しくは描写されていなかった。ド・ラ・モットのテクストでもラモーのテクストでも、彫像は自己意識を持ちはじめるが、そこではあくまでも自己意識の芽生えが示唆されるだけだった。彫像とピュグマリオンの間で短い会話は交わされるものの、それはお互いの愛の告白と約束にすぎない。それにたいしてデランドのピュグマリオン物語では、愛の告白と約束にとどまらないコミュニケーションが展開される。

彫像はすぐさま動き出すのではない。ピュグマリオンが動かない彫像に一方的に語りかけていると、ある瞬間、彫像がわずかに動く。しかし、彫像はすぐさま動きを止める。ピュグマリオンはその日から、以前よりも足しげく、彫像を置いておいた庭の端にある客間を訪れ、彫像に語りかける。毎日語りかける。ピュグマリオンは少しずつ、ゆっくりと、彫像を人間へと変身させる。この漸進的なプロセスはピュグマリオンによる彫像の教育にほかならない。そうするうちに彫像には思考が萌芽し、ド・ラ・モットやラモーのテクストに登場する彫像と同じように、自分の存在を問い始める。違いは、問いの焦点がじょじょに「思考」へと絞られていくということだ。

考えるとはどういうこと？　私は自分の中に閉じこもり、自分の存在について何も知らないの。考えること、それは私だけのものです。考えることが私の存在の証拠です。(124)

唯物論者であるデランドは、ほぼ1世紀前にデカルトが唱えた、存在の根拠としての思考というコンセプトを、人間に変身しつつある影像に語らせる。

影像がこのように独白しているところに、ピュグマリオンがやってくる。二人は驚き、見つめ合う。まず影像が口を開き、ピュグマリオンに、「私は何？　あなた自身は誰？」(124)と問いかける。そこから二人の会話が開始する。影像がピュグマリオンに投げかける問いは、ナルキッソスの恋人が水面から返す言葉とはまったく異なり、ピュグマリオンをとまどわせるたぐいの、いわば哲学的な問いだ。「私たち二人しか存在しないの？」、という影像からの問いにたいして、ピュグマリオンは「無数の存在がいる」(125)と答える。その問いがきっかけとなって、ピュグマリオンは、知識は「他の人々との交渉によって少しずつ手に入れることができる」(125)のであって、「他の人々との交渉を奪われてしまった子供」は「大理石」より思考は及ばないだろう（126）、と説く。大理石の彫像はピュグマリオンとのコミュニケーションだけでなく、「他の人々」とのコミュニケーションによって、「少しずつ」成長し、女性になるのだ。馬場朗によれば、「よき教育」（126）を施すピュグマリオン自身が、かつて大理石であったこの女性にとっては、「他者」である。ただし彼女はピュグマリオンに抗うことはない。否定の契機をはらむ他者では、まだない。女性を教育する男性というモティーフは、18世紀の後半から登場する近代のピュグマリオン物語の中軸をなすことになるだろう。これについては5章以下で詳述する。

『ピュグマリオン、あるいは命を与えられた彫像』には、女性教育よりもさらに長い射程をもつもう一つのモティーフが含まれている。人間に変じる大理石の彫像、成長する子供、性能が向上する機械、この三者がアナロジカルにイメージされる。

> ピグマリオンが彫像の動きに気づいた最初の瞬間から、その像を見るたびに、同じ動きが進行しているのを見た。まるで彼女が呼吸し、生き、歩こうとしているかのように、さらには、考えようとしているようにすら思われた。それはちょうど、ゆりかごの中の子供が元のままの状態になっているのと似ている。それは大理石よりもさらに、

元のままの状態であり、形が欠けている。機械は少しずつ発達し、そのバネはたがいに絡みあい、流体と固体は戦いと抵抗を繰り返す。それは作用と反作用の連続である。ついに、機械はそのすべての完璧さを獲得し、思考と推論とが連続的に高まり、それらがより力強く、よりくっきりとしてきて、つながりや響き合いが増えるのが見られる。そうするうちに、機械は劣化し、摩耗し、故障し、解体する。心も同じように衰えてゆく。最初は無だった心が、何物かになる。たくましくなる。しかし少しずつ無の中へと再び落ちていき、最後には消滅する。これが魂の生であり、肉体の生とほとんど変わるところはない。(124)

デランドのこのテクストが発表されたのが1741年だったことを思い出そう。ド・ラ・メトリの『人間機械論』が刊行されたのが1747年のことだったから、ほぼ同時期とみなすことができる。類似点はしかし刊行時期だけではない。ド・ラ・メトリは『人間機械論』に先だって、1745年に『魂の自然史』を発表したが、これは後に焚書処分になった。[6]デランドの『ピュグマリオン、あるいは命を与えられた彫像』はそれに先だって、1741年に焚書の憂き目にあっている。[7]言説のモードは、もはや心身二元論ではなく人間機械論である。身体のみならず心もまた機械として表象される。象牙であれ大理石であれ、物質を人の形につくりあげ、さらにはその物質に語りかける。制作者が一方的に語りかけるだけでなく、その物質もまたこちらに語りかけ、両者がコミュニケーションを繰り返す。そうするうちに、物質が人間と同じように学習を重ね、その物質にも心が宿るようになる。18世紀中葉には神をも恐れぬ悪辣な唯物論として罰せられたこのような発想は、第10章で詳述するように、21世紀初頭には喜ばしき発明として歓迎されることになるだろう。

1 いわゆる近世にも、ピュグマリオン神話に遡ることができるテクストがないわけではないが、それが新たな装いでリバイバルしたのは、18世紀フランスだった。谷川渥『肉体の迷宮』（東京書籍、２００９）１６８-１７０頁の簡にして要を得た解説を参照。

2 Antoine Houdar de La Motte: Le Triomphe des arts. In: Henri Coulet (ed.): Pygmalions des Lumières. Paris: Éditions Desjonquères 1998, p.40.

3 前掲書（註2）、43頁。ここではド・ラ・モットのテクストを引用したが、ラモーが使ったソヴォの台本でも、彫像の台詞はほとんど同じである。ド・ラ・モットのテクストでは彫像が一気に台詞を口にするが、ラモーのテクストでは、彫像に生命を賦与してくれたヴィーナスの力にたいするピュグマリオンの感嘆の声がはさまれる。なお、私は二つの台本の粗筋と語彙と登場人物だけに注目したが、当時の芸術論の言説空間の中でのオペラ・バレエの位置づけをも射程におさめた以下の精緻な分析に助けられた。馬場朗「「感性」の上演劇と変容する生成期の近代美学――ジャン＝ジャック・ルソーのメロドラム『ピュグマリオン』を巡る一視座（1）」、『東京女子大学紀要論集』66（2）、1-19頁。

4 Rolf Geißler: Boureau-Deslandes. Ein Materialist der Frühaufklärung. Berlin: Rütten & Leoning 1967. S.119. これはデランドに関するモノグラフだが、付録には『ピュグマリオン、あるいは命を与えられた彫像』のフランス語原文とドイツ語訳が掲載されている。以下、フランス語原文の頁数を挙げ、テクストから引用したりテクストを参照する場合は、当該箇所の直後の丸括弧内に頁数をしるす。

5 馬場朗「「人間」への「彫像」の生成における「自己」と「他者」――唯物論者ブロー＝デランドのピュグマリオニズム」、『群馬県立女子大学紀要』27、33-55頁。

6 ド・ラ・メトリイ（杉捷夫訳）『人間機械論』（岩波文庫、１９４８）に収められた、杉捷夫による「ラ・メトリイの生涯と学説に就て」12頁を参照。

7 Das große Conversations-Lexicon für die gebildeten Stände: In Verbindung mit Staatsmännern, Gelehrten, Künstlern und Technikern herausgegeben von J. Meyer. Hildburghausen : Verlag des Bibliographischen Instituts 1840-1855. 7.Band, 4.Abtheilung. S.247.

4.「私」がつくった他者を愛す：ルソー

ド・ラ・モット、ラモー、デランドのテクストに登場する彫像の姿をたどると、一つのテクスト内だけでなく、複数のテクストをまたがって、彫像がじょじょに自立していくように見えてくる。自己意識が芽生えた彫像は、ついにはその創造者であるピュグマリオンとコミュニケーションし、さらに周囲の他者たちからも実在を確認されるようになる。1762年に書かれたと推定されているルソー[1]の『ピグマリオン』という劇では、彫像の成長史は新たなフェーズに入る。ここまで、象牙の「彫像」、大理石の「彫像」、美しい「彫像」という呼び名しか与えられず、名前がまだ一義的に固定していなかったピュグマリオンの愛の対象は、ついに名前を得る。[2]ピュグマリオンの妻は、美しく彫られた任意の像ではなく、「ガラテ」という固有名で呼ばれるようになる。

ルソーの『ピグマリオン』では、彫像がガラテという女性として個別化されるのとは逆に、ヴィーナスの影は薄くなる。デランドの『ピュグマリオン、あるいは命を与えられた彫像』では、ヴィーナスはまだ背景には退いていなかった。ヴィーナスはピュグマリオンの夢の中に登場し、ピュグマリオンが美しい像を彫ることができるように、ピュグマリオンの鑿を導いた。物語の最後にはヴィーナスが、雲に乗って再び登場し、ピュグマリオンと彫像に、消えることのない魅力を与える帯で触れる。それにたいしてルソーのテクストでは、ピュグマリオンがヴィーナスに願をかけるという動作はオウィディウスが書いたピュグマリオン物語の範型を踏襲しているものの、ピュグマリオンは、「おまえをニンフにするつもりだったのが、女神を作ってしまった。ヴィーナスでさえおまえのように美しくはない」(160)、とヴィーナスと比較し、大理石の彫像を絶賛する。願いを叶えてくれる神としてヴィーナスを登場させるのは、啓蒙主義の時代にはいかにもふさわしくない筋立てだから、ルソーがとったこの措置は時代の文脈からすれば当然のことだと言える。ピュグマリオンによる愛の対象の創造は、じょじょに脱神話化されていく。[3]

ルソーにおけるピュグマリオンの前に立つ彫像は、今やガラテという固有名をもった女性だ。ガラテは物質としての起源から限りなく遠く離れる。文字どおり独り歩きするようになる。ルソーが書いたこの台本を結ぶのは、ガラテとピュグマリオンという二人の人物の対話である。

ガラテ（自分の体に触れて、言う）：わたし。
ピグマリオン（熱狂して）：わたし！
ガラテ（ふたたび体に触れて）：これはわたし。

ピグマリオン：わたしの耳までとどいてくる、心を奪う幻覚よ、ああ！　わたしの五感から去らないでくれ。

ガラテ（数歩あゆみ、大理石のひとつに触れる）：これはもうわたしじゃない。

［…］彼はいそいで立ちあがり、両腕をさしのべ、恍惚として見つめる。彼女は彼に片方の手をかける。彼は身を震わせ、その手を取り、自分の胸へとみちびき、ついで熱い接吻で手をおおう。

ガラテ（ため息をついて）：ああ！　これもやっぱりわたし。

ピグマリオン：そうだ、いとしくも愛らしいものよ。そうだ、すばらしい傑作、わたしの手の、わたしの心の、神々の傑作……それはおまえ、おまえひとりだ。わたしはおまえにわたしの存在のすべてを与えた。わたしはもうおまえによってのみ生きるのだ。（167-168）

「わたし」が反復されることで、ガラテの自己意識が生成しつつあることが強調される。ただしこの対話は（あるいはひょっとして、この独白は）、ガラテとピュグマリオンを異なる二者として截然と自立させるというよりも、むしろ逆に、ピュグマリオンがガラテを通じて自分の「わたし」を愛していることを示唆している。ド・マンは、ため息をつきながらガラテが口にする、「これもやっぱりわたし」が二重に解釈できることを指摘し、「テクストを生成する弁証法的な動きから逃れる術は何もない」[4]と結論づける。

ド・マンの結論ではなく、彼の観察だけを拾い上げると、ピュグマリオンがガラテを通じて自分の「わたし」を愛しているという構図を浮き立たせることが容易になる。ただし、「これもやっぱりわたし」ではなく、引用箇所の2行目、ピグマリオンが「熱狂して」叫ぶ「わたし！」に注目したい。『ピグマリオン』が執筆される10年以上前に上演されたと推定される、ルソーの『ナルシス、またの名、おのれに恋する男』が補助線となってくれそうだ。このテクストでは、そのタイトルが端的に示すように、主人公ヴァレールのナルシシズムが描かれている。喜劇にふさわしく、最後はすべての誤解がとけ、ナルシシズムが「青春の汚点」として戒められる。喜劇は、恋人であるアンジェリクを愛することを決意したヴァレールの、「これからはあなたのそばで、「よく愛すれば、己［soi-même］はもはや念頭になし」[5]を地で行ってみせますよ」（118）という言葉で結ばれる。実在する他者を愛することで、自分自身（soi-même）への愛が後退するということが確認されている。

しかし、自分自身への愛が後退するということは、必ずしも、他者への愛に徹するということを意味しない。もしかすると、他者に託した自分自身を愛するという回り道もあるかもしれない。

『ピグマリオン』に戻ろう。ガラテの口から最初に出てくる「わたし」を受けるように、ピュグマリオンは「熱狂」して「わたし」と叫ぶ。それは、彫像だったはずのガラテの第一声を耳にしたピュグマリオンが、それに驚愕して、おもわずしらず同じ言葉を発語してしまったからだ、と解するのが穏当かもしれない。ただし、テクストには「驚愕して」ではなく「熱狂して」と書かれている。「熱狂して」という日本語に訳されているフランス語は“transporté”である。[6] 現在では多くの場合、「運搬する」の意味で使われている“transporter”には、「興奮させる」という比喩的な意味もある。「運搬」が「興奮」になるのは、自分が自分の外に置かれる、つまり“mettre hors de soi”[7]になるからだろう。「わたしはおまえにわたしの存在のすべてを与えた。わたしはもうおまえによってのみ生きるのだ」、というテクストをしめくくるピュグマリオンの宣言も、やはり穏当に解釈するならば、ガラテに対するピュグマリオンの愛の深さを表現した言葉にすぎないともとれる。この言葉は、彫像が生体になる前のピュグマリオンの台詞を受けている。

ああ！　ピグマリオンは死んで、ガラテのなかで生きるがいい！……　いやいや、なんだと！　わたしがガラテになればガラテを見ることができない、ガラテを愛する男でなくなるではないか！　だめだ、わたしのガラテが生きて、わたしはガラテにならない、そうあってほしい。いつまでもガラテとは別の存在であって、ガラテになりたいといつも思っている、彼女を見つめ、愛して、愛される……それがいい……（163）

ピュグマリオンがこのように願うのは、このようにみずから強く願わないと、ガラテを恋人として対象化するための距離が失われてしまいかねないからだ。ルソーよりも前のピュグマリオン物語とは異なり、ピュグマリオンは、実在する女性の代替者としてのガラテという他者と結ばれるのではなく、自分とひとつになる。正確に言いかえれば、自分と恋人の間だけで愛の閉域をつくる。この台詞の直後には、「われを忘れて」（164）というト書きが挿入されている。あの「熱狂して」と同じく、またもや“transporter”だ。ただし名詞形の“transport”だが。この語の使用が示唆しているのは、ピュグマリオンがすでにここで、ガラテと自分とがつくる閉域に自分を移し入れているということだ。ピュグマリオンの恋人は性と名前だけが彼とは異なる、ピュグマリオンでもある存在だ。したがって、厳密な意味では他者ではない。他者のように見える自分自身である。

それゆえに、このガラテは、デカルトが愛したフランシーヌと同じく疑似他者である。疑似他者は対等な二者の関係ではなく、ナルシスティックな「私」の世界に棲まう他者である。だが、そうだとすれば、かつて戒められたナルシシズムが再び肯定されていることになるのだから、『ピグマリオン』の到達点は、『ナルシス、またの名、おのれに恋する男』の出発点に戻っていることになりはしまいか。このように問うことで、二次的ナルシシズムとは異なる欲望を規定することができる。二次的ナルシシズムにおいては、本来他者に向かうはずのリビドーが欲望主体にUターンする。そこでは、外部の実在する他者たちの世界から隔絶した「私」の閉域がつくられる。[8] そこに他者はいない。ルソーのピュグマリオンは自分自身ではなく、他者としての、いや疑似他者としてのガラテを愛する。そこでは、たしかに他者がリアルに思い描かれている。定義しないままに投入してきた「ピュグマリオン的欲望」という概念を、ようやく定義することができる。「ピュグマリオン的欲望」とは、欲望主体が、いわゆる現実の他者との接触を忌避し、想像の中で他者を創造し、その疑似他者との間で自分なりの現実的な関係を結ぼうとする欲望をさす。ただし、欲望主体にとってのこの「自分なりの現実」は、周囲の観察者たちが見るいわゆる現実よりも現実的な世界になっているはずだ。

デランドのテクストでは、大理石の彫像は、ピュグマリオンだけでなく彼以外の人々と接することで成長し、女性になった。彼女にとって他者とのコミュニケーションは不可欠だった。ルソーのピュグマリオンも、ガラテという他者とコミュニケーションする。しかしルソーのピュグマリオンにとって、他者はひとりしかいない。「舞台は彫刻家のアトリエである」（157）という卜書きが、『ピグマリオン』の冒頭に書かれた場面の設定だ。ピュグマリオンはこのアトリエから一歩も外に出ない。外に出なくても、そこはもう一つの外だ。その閉域の中には他ならぬ彼の他者が生まれることになるだろうから。

1 『ルソー全集』（白水社、１９８０）第11巻、４３７頁（訳者である松本勤による解説）。以下、ルソーのテクストから引用する場合は、当該箇所の直後の丸括弧内に頁数をしるす。

2 Meyer Reinhold: The Naming of Pygmalion's Animated Statue. In: The Classical Journal. Vol. 66, No.4. P.316.

3 J. L. Carr: Pygmalion and the Philosophes: The Animated Statue in Eighteenth-Century France. In: Journal of the Warburg and Courtauld Institutes. Vol. 23, No. 3/4. Pp. 239-255 によ

れば、ディドロやヴォルテールのような啓蒙主義者たちも、ピュグマリオンが独力で彫像を造ったことを強調している。

4　ポール・ド・マン（土田知則訳）『読むことのアレゴリー――ルソー、ニーチェ、リルケ、プルーストにおける比喩的言語』（岩波書店、２０１２）２４２頁。

5　Jean-Jacques Rousseau: Oeuvres complètes II. Bibliothèque de la Pléiade. Gallimard 1961, p.1018.

6　Jean-Jacques Rousseau: Oeuvres complètes II. Bibliothèque de la Pléiade. Gallimard 1961, p.1230.

7　Le Grand Robert de la langue française. Dictionnaire alphabétique et analogique de la langue française. Deuxième Édition entièrement revue et enrichie par Alain Rey 1985, p.449.

8　天野義智『繭の中のユートピア――情報資本主義の精神環境論』（弘文堂、１９９２）12－32頁は、近代における「自閉化にむかうアイデンティティ」を「繭化体」と「独身者の機械」という二つの理念型に分けている。天野はルソー自身のアイデンティティを「繭化体」の典型例として論じている。

5. 造形から教育へ：モリエール、レチフ、インマーマン

デランドの小説では、ピュグマリオンの手になる美しい彫像は、声を得ただけでなく、自分自身を問い、人びとの眼差しを受け、思考と感覚を備えるべく人びととコミュニケーションした。ルソーの劇ではついに固有名を得た。その一方で、ヴィーナスの影は薄くなった。ピュグマリオン物語は神話の世界から現実の世界へと移行し始める。ピュグマリオンが象牙や大理石を彫って理想の女性像を形づくるという構図は、男性が女性を教育するという構図にとってかわられる。より限定して言えば、夫が妻を教育するという筋立てになる。外面の形成が内面の形成に変わるのだ。ただし、歴史上のある時点で、神話の構図に世俗の構図がきれいにとってかわったわけではない。変換は18世紀の後半に起こるのだが、すでに17世紀中葉には、造形という手段に加えて教育という手段が重なりつつあった。

1662年に初演されたモリエールの『女房学校』では、ピュグマリオンの位置は中年の独身男性アルノルフが占め、アルノルフによって育てられる少女アニェスがガラテアとして育てられる。アルノルフがアニェスを無垢のままに育てあげ、最後には自分の妻にしようとする動機は、妻に浮気されることを恐れたからである。オウィディウスのテクストでは、ピュグマリオンはアマトゥスの娘たちを目のあたりにして、現世の女性に絶望したことを思い出そう。ただし、『女房学校』では最終的に、アルノルフのこの試みは失敗する。

アルノルフは「自分がばかをみないため」に、「ばかな女」[1]を妻にしようと企て、孤児だったアニュスをひきとる。成長したアニュスにたいしてアルノルフは、「卑しい百姓の身分かられっきとした町娘の地位にまで、おまえを引きあげてやったではないか」(134)、とうそぶく。妻を愚かにしておくことこそが、アルノルフからすれば教育である。アニュスは彼にとって、「言わば手のなかの蠟《ろう》みたいなもんで、気の向くままに形がつけられる」(139)。象牙や大理石に「蠟」が代置されている。このメタファーもまた、神話の世界ではなく現実の世界が舞台になってことを示唆している、と解することができる。

アルノルフはピュグマリオン的欲望に駆動された人間だ。だがしかし、アニュスはアルノルフの監視の目が届かないところで、つまりアルノルフの「女房学校」の外部で、自らを教育する。独学者であるアニュスはいわば無知の知を体得し、そのことによって、ピュグマリオン的欲望に発する他者の教育を批判する。

ほんとに、ずいぶんりっぱな育てかたをしてくださいましたのね。万事につけて結構な教育を授けていただきましたわ！　あたしがいい気になっているとお思いになりますの？　あたしが頭のなかで自分の愚かしさに気がついていないとお考えですの？

(172)

ピュグマリオン物語の枠組が神話からリアリズムに変わるにつれて、ピュグマリオン的欲望に駆動された男性が女性を教育することの暴力性を、教育される女性自身が認識するようになる。後述するが、そのような教育の被害者である女性を描いたケラーの小説を先取りするかのように、モリエールの『女房学校』でも手紙を書く女性というモティーフが投入されている。

現世に生きるピュグマリオンとその妻や恋人が明示的に登場するテクスト群に移る前に、神話からリアリズムへの移行をヴィジュアル・イメージにも見てとることができることを指摘しておきたい。ピュグマリオンが彫る女性像は、絵画でも当然のことながら裸身である。裸身をもっとも極端な形で描いたのが、トマス・ローランドソンだった。『近代のピュグマリオン』と題された風刺画では、女性はピュグマリオンに積極的に挑みかかっている（画像01）。これは1810年代半ばに制作されたらしいが、同じ頃にゴヤが描いた『ピュグマリオンとガラテア』では、ガラテアは着衣だ。肌はほとんど見えない。ピュグマリオンが現実の女性に鑿を打ちこんでいるような印象さえ受ける。そこには、象牙でも大理石でもなく生身の女性を、男性が自分好みに育てることの暴力が表現されているようにも思われる（画像02）。

　1780年、まずはフランスでピュグマリオンが近代化された。その年に販売された[2]レチフ・ド・ラ・ブルトンヌの『当世女――恋する女たちの人間模様』の劈頭を飾る物語が、「新ピグマリオン［Le nouveau Pygmalion］」である。「高貴な生まれの富裕な若者」（10）だったM侯爵が、「十二ばかり」の美しい少女に街角で遭遇するところから話が始まる。M侯爵は「みなし子」だった彼女をひと目見て、彼女に服を着せ教育をほどこしてやりたい、と申し出る。「ごつごつした石の殻の下」（12）のダイヤモンドに比せられる彼女は、「リゼット」と名づけられる。M侯爵はリゼットを

画像01：ローランドソン『近代のピュグマリオン』

画像02：ゴヤ『ピュグマリオンとガラテア』

高貴な身分にふさわしい女性に育て上げるために、彼女をある女性に預ける。リゼットの母親代わりとなるその女性に、M侯爵は自分がリゼットとは「一対一で話すようなことはしない」(13) と約束する。M侯爵はリゼットの父親であるというのが、リゼットとM侯爵の当面の合意である。しかしリゼットは成長し、「成熟」するにつれて、「ダイヤモンドのきらめきにいやがうえにも高まったその美しさは眩《まばゆ》いほど」になる。M侯爵にとって、ダイヤモンドになったリゼットは「自らの作品」(16) である。彼はリゼット自身に向かって直接、「おまえは私の作品、言わば私がつくり出したようなものだ」(19) と語り、リゼットもまた、「わたくしはお父様のお作りになったものですもの」(24) と言って、それを認める。そればかりではない。リゼットから見れば、M侯爵は「人ではなく神」(22) である。物語は次のような教えで結ばれる。

この結婚は想像しうるかぎりでもっとも幸福な結婚となっている。リーズはまさに夫に対して妻たる者のあるべき一切である。生徒であり、可愛い娘であり、一言で言えば、夫の作品そのものである。(38)

M侯爵が創造者としてのピュグマリオンであり、リゼットがその被造物としてのガラテアとして思い描かれていることは明らかだ。

夫が自らを新しいピュグマリオンとして自負するようになったのは、フランスでは18世紀の後半のことだったが、隣国のドイツではそれに遅れて19世紀前半に、新しいピュグマリオンとしての夫が登場する。1825年にインマーマンの『新ピュグマリオン［Der neue Pygmalion］』が発表された。この物語にはルソーとの関連を示唆する箇所がいくつかある。『新ピュグマリオン』というタイトルは、『ジュリー、あるいは新エロイーズ［Julie ou la Nouvelle Héloïse］』（1761）のドイツ語翻訳につけられた"Die Neue Heloise"[3]というタイトルを想起させるし、主人公ヴェルナーが求婚する相手の女性のエミーリエ［Emilie］という名前は、ルソーの『エミール［Emile］』（1762）に重なる。類似しているのは名称だけではない。『エミール』の副題は「教育について」であり、孤児であるエミールと同じように、インマーマンの小説に登場するエミーリエも、年若く身分が低い無学な女性である。

主人公であるヴェルナー男爵は独身で、年老いた叔母コルドゥーラと同居している。この叔母は自分の老い先が長くないことを理由に、ヴェルナーに結婚するよう説得を試みる。彼女が勧めるのは、隣家の娘ルツィアーネだ。ルツィアーネは賢く上品で、多くのことを学び、音楽も絵画もダンスもたしなむ。ひとことで言えば「教養のある［gebildet］」[4]女性である。けれどもヴェルナーは、ルツィアーネと正反対のタイプの女性であるエミーリエという少女を選ぶ。ヴェルナーはエミーリエを「教育する［bilden］」（284）ことを決意する。エミーリエには「教養［Bildung］」（286）が欠けているからだ。けっきょく、二人は結ばれる。テクストはそれを、「教育という仕事がなしとげられ、教育された女性が教育した男性の腕に抱かれた」（317）と説明し、ヴェルナーは「新しいピュグマリオン」（318）になる。これは、エミーリエを迎える前にヴェルナーの脳裏に浮かんでいた、次のような芸術観ないし結婚観が成就したことを意味している。

芸術家は雪のように白い大理石を選びだし、そこから、のちに彼自身が崇拝する対象となる像［Bild］を形づくる。自分が愛する女性の中に自分の作品を見ることができる男は幸せ者だ。(279)

芸術家が自分の作品をつくることと、男性が自分の恋人や配偶者を教育することが、やすやすと等号で結ばれているのは、bilden という語が物質を造形することと人間を教育することの二つの意味を含意しているからだ。少し脇道にそれて説明したい。

カントは『エミール』の強い影響のもとで、１７７６／77の冬学期からケーニヒスベルク大学で「教育学」の講義をおこなった。その講義録の「本論」の冒頭部では、人間と動物に共通する教育が「自然的」教育と「実践的」教育に区別される。「実践的」教育は、「それを通して人間形成が行われて［gebildet werden］人間が自由に行為する存在者として生活できるようにするための教育にほかならない」[5]。その十年ほど前、１７６６年と１７６７年に二巻本として出版されたヴィーラントによる『アーガトン物語』は、現実の荒波の中で bilden がどのように実践されるのかを描いた、ドイツ文学史では最初の「教養小説［Bildungsroman］」である。bilden はこのあと、たとえばヴィルヘルム・フォン・フンボルト『国家の活動の限界を規定するための試論』（1792）における、「さまざまに変わる情動ではなく、永遠に変わることのない理性が定める人間の真の目的は、人間がもつ諸力を最高度に、もっとも均衡のとれたかたちで、ひとつの全体へと形づくる［Bildung］ことである」[6]というBildungの称揚につながり、ついにはベルリン大学の設立を導くコンセプトになる。

だがその一方で、19世紀には、『新ピュグマリオン』におけるbildenのように、他者への働きかけは、「自由に行為する存在者」への「教育」ではなく、教育者である男性による被教育者である女性の「造形」にもなってしまう。叔母のコルドゥーラは、「教養のある［gebildet］」ルツィアーネは自分の「理想」に合わないと言うヴェルナーに対して、「理想」という言葉は「これまでにつくられた言葉の中でもっとも有害な言葉の一つですよ」、といきどおり、「理想」というのはヴェルナーが「自分ででっちあげた空っぽのイメージ［Luftbild］」（272）だといましめる。〝Luft〟とは「空気」の意味であり、〝Bild〟はbildenによってつくられたものを意味している。コルドゥーラは、女性にたいする男性の「造形」＝「教育」が迷妄であることを直感していたのだ。実際、19世紀末が近づくにつれて、男性のピュグマリオン的欲望は女性の「造形」に失敗しつづけることになる。女性は疑似他者ではなく、純然たる他者であることが見えてくる。

1　モリエール（鈴木力衛訳）「女房学校」、『モリエール全集』（中央公論社、1973）第2巻、107頁。以下、このテクストから引用する場合は、当該箇所の直後の丸括弧内に頁数をしるす。

2　レチフ・ド・ラ・ブルトンヌ（小沢晃訳）『当世女――恋する女たちの人間模様』（筑摩書房、1990）393頁（訳者である小澤晃による解説）。以下、レチフのテクストから引用する場合は、当該箇所の直後の丸括弧内に頁数をしるす。

3　Johann Georg Meusel: Lexikon der vom Jahr 1750 bis 1800 verstorbenen teutschen Schriftsteller. Hildesheim: G.Olms 1804. Vierter Bd., S.79-80 によれば、ルソーの原著が出版されたのと同じ1761年には、はやくも、Johann Gottfried Gellius によるそのドイツ語翻訳の出版が開始した。正式のタイトルは、"Die Neue Heloise, oder Briefe zweyer Liebenden, aus einer kleinen Stadt am Fuße der Alpen"である。

4　Karl Immermann : Der neue Pygmalion. In: Werke in fünf Bänden. Hg. von Benno von Wiese. Frankfurt am Main: Athenäum 1971. Bd.1, S.282. 以下、インマーマンのテクストから引用する場合は、当該箇所の直後の丸括弧内に頁数をしるす。

5　『カント全集』（岩波書店、2001）第17巻、241頁。ケーニヒスベルク大学での講義の時期に関しては、訳者である加藤泰史による解説を参照した。Immanuel Kant: Schriften zur Anthropologie, Geschichtsphilosophie, Politik und Pädagogik. 2. Hg. von Wilhelm Weischedel. Frankfurt am Main: Suhrkamp 1977, S.712.

6 Wilhelm von Humboldt: Ideen zu einem Versuch, die Gränzen der Wirksamkeit des Staats zu bestimmen. In: Werke in fünf Bänden. Hg. von Andreas Flitner und Klaus Giel, Bd.1, S.64.

6．捨てられるピュグマリオン：ケラー、イプセン、ゾラ、ココシュカ

きみ知るや　白百合を紅《あか》い薔薇《ばら》にかえる法を
接吻《キッス》せよ色白のガラテアに――顔紅《あか》らめて笑うべし[1]

1882年に刊行されたゴットフリート・ケラーの『寓意詩』の第一章に引用された詩である。ただしケラーの作ではなく、レッシング全集におさめられたフリードリヒ・フォン・ローガウの格言詩だ。『寓意詩』という原題は作品の形式が詩であることを想起させるが、実は物語である。そのためか、二種類ある邦訳はどちらも、『寓意詩』ではなく、この詩のイメージを援用し『白百合を紅い薔薇に』ないし『白百合を紅薔薇に』[2]を邦訳のタイトルにしている。白百合は純潔を、薔薇は官能を象徴している。モリエールの『女房学校』には、アルノルフが自分の将来の妻にすべく育てているアニェスを、「不品行な女どもは、地獄の煮えくり返る大釜に永劫《えいごう》にたたきこまれるんだ」、と脅かしたあと、純潔をたとえる場面がある。

この教訓《おしえ》に従って、浮気の虫を封じたら、おまえの心はいつまでも、百合のように、白くて汚れがない。（135-136）

アルノルフが将来の妻を白百合のままにしておきたいと望んだのにたいし、ケラーのテクストの主人公であるラインハルトは、白百合を紅い薔薇に変えるという「誘惑的な実験」（8）にとりかかる。オウィディウスが語るピュグマリオンは、「真っ白な象牙を刻み」、その美しい彫像にさまざまな贈り物をするが、そのなかには「百合」（下、74-75）も含まれていた。ヴィーナスのおかげで生身の女性に変じた彫像に彼がキスすると、彫像は「顔を赤らめ」（下、77）る。白百合が紅い薔薇になった瞬間だ。紅い薔薇は必ずしも官能だけを象徴しているのではない。恥じらいと喜びと期待がないまぜになった状態を表現してしまうのが、薔薇のように赤らんだ顔である。そう考えると、ケラーのテクストとモリエールの『女房学校』との関連性は弱く、むしろオウィディウスによるピュグマリオン物語の現代版が、『白百合を紅い薔薇に』である。

物語の中で別の話が語られる形式には、「枠物語」というジャンル名が与えられている。枠物語である『寓意詩』には十三の物語が含まれている。「自然科学者がある処方を発見し、その実験のために馬上の旅に出る」というのが、最初の話のタイトルだ。枠物語の主人公である自然科学者ラインハルトを紹介するための短いテクストである。時代は「自然科学が一頂点に達していたころ」で、ラインハルトは「近代的な、快適な、こぎれいな感じに翻訳され」た「ファウスト博士の書斎」のような部屋で実験を重ねている。その部屋には「一冊といえど、人間的、または人倫的問題《モラール》」を扱った本はなく、どの冊子にも「数字の行列、対数」(5)が並んでいるばかりだ。根っからの自然科学者だったラインハルトは、「人倫的問題」をも解きうる法則があることを予感する。その仮説となったのが、上に引用した詩句である。ラインハルトは、「顔紅らめて、笑うべし！　接吻《キッス》せよ色白のガラテアに。顔紅らめて、笑うべし！」(7)、と口ずさみながら、この仮説を実証する旅に出る。

　ケラーが『寓意詩』を構想したのは1851年のことで、当初のタイトルは『ガラテア、G.K.物語集』だった。この枠物語をつらぬくモティーフは、女性をガラテアと見なす男性の欲望と行動である。ラインハルトは、「身分もありりっぱな教養もある［gebildet］若い男が、実際に女中さんをかまどのそばからつれて行って、そのひとがほんとに自分にひけをとらぬ社交界の婦人になるまで幸福に暮らした」(41)のだが、その後に不幸が起こったことについて語る。それが、「レギーネ」と題された8番目の物語の導入になっている。

「身分もありりっぱな教養もある若い男」であるエルヴィンは、「女中」（41）だったレギーネを見そめ、彼女が自分に見劣りのしない婦人になるように教育する。レギーネは「貧しいお百姓の子」（52）であり、じゅうぶんな教育を受けていなかった。エルヴィンは彼女にまず英語を教える。勤勉なレギーネは、英語のみならずフランス語も話すことができるようになる。「上品ななりをした、りっぱなこのうえなく美しい貴婦人」（59）になったレギーネは社交界にもデビューするようになる。小説の語り手であるラインハルトの口から出てくる、「自分の愛情こめた教育の力〔seine liebevoll bildende Hand〕」（61）や「教育事業〔Bildungswerk〕」（63）、「教養の門〔Pforten der Bildung〕」（65）、「教養の上で刺戟《しげき》になる〔bildend anregend〕こういう交友」（66）、というような表現は、エルヴィンによる婦人教育にたいしてケラーが批判的な距離をとっていることを示している。

ボストンの実家でおこった重大な問題をかたづけるために、エルヴィンは長期にわたってレギーネをひとりドイツに残さざるをえなくなる。ある晩、レギーネが男性を自室に招き入れ、その男性といっしょに夜をすごしたらしいことが目撃される。ようやくエルヴィンがレギーネのもとに帰ってくると、家には以前にはなかったミロのヴィーナスの像が置かれていることに、彼は驚く。エルヴィンをさらに驚かせたのは、その直後に再会したレギーネの姿がこのヴィーナス像そっくりだったことだ。再会の喜びもつかの間、エルヴィンはレギーネがひどくふさぎこんでいることに気がつく。エルヴィンはさまざまな調査をしたあと、レギーネのあやまちを疑うようになるが、それを責め立てることはない。しかし、けっきょくレギーネは自殺する。レギーネが遺した手紙[3]によれば、あの晩彼女が自室に招き入れたのは彼女の兄で、その兄はやむを得ない理由から人をあやめ、後に死刑になった。彼女は、エルヴィンが殺人犯の妹を妻にしていることに、強い良心の呵責を感じたのだった。レギーネは手紙の最後で、棺に横たわる自分を、「昔貧しい女中として奉公していたときの着物で埋めて」(94)ほしいと願う。教育[bilden]されたレギーネは、造形[bilden]の結果として、ひとときヴィーナス像のようにみごとな美しさを見せるが、最後には自分の出自を否定することなく、貧しい服をまとう「女中」にもどる決意をする。ゴヤが描いたガラテアのように、裸身ではなく、身分と階級に規定された衣服を引き受けるのだ。

レギーネはガラテアにはならない。男性のピュグマリオン的欲望はひととき充足されるように見えるが、けっきょくは挫折する。女性は、教育者である(と錯覚する)男性が恣意的にbildenできる象牙や大理石のような素材ではないことが明らかになる。ピュグマリオン的欲望は生身の女性の教育へと変奏されることで脱神話化した。そのことによって、欲望する主体である男性は、当初は見えなかった他者にぶつかることになる。

人形が覚醒したのもこの頃のことだった。『レギーネ』が発表される3年前、1879年に初演されたイプセンの『人形の家』では、女性主人公ノーラは、彼女を「愛していた」と言う男性のピュグマリオン的欲望を見抜く。夫のヘルメルの自己弁明に耳を傾けてみよう。

> 男というのは、妻を許した、―心の底から本当に許したんだ、と自分で認めて、そういうことに何とも言えない心地よさ、満足感といったものを持つものなんだ。それで妻は、二重の意味で、彼のものになったようなものなんだ、―彼は妻に、新しい生命を与えたようなものだよ。妻は、言わば、彼の妻であると同時に子供にもなる。お前も今日からはそうなんだ、途方に暮れた、寄る辺《べ》ない小っちゃな赤ちゃん。[4]

鈍感で不遜なヘルメルの言葉を聞いて、ノーラは自分の本心を告白する。ノーラは、父親であれ夫であれ、男性から「赤ちゃん」扱いされてきた。「赤ちゃん」ならばまだいい。

成長し、自己意識を得て、やがて一つの人格を認められるようになるはずだから。ノーラは「赤ちゃん」以前の存在として扱われてきたことに気がつく。「パパはあたしを赤ちゃん人形と呼んで、あたしが自分の人形と遊ぶように遊んだわ」(160)、「あたしは、あなたの人形妻だったのよ、実家で、パパの人形っ子だったように」(162)、というノーラの言葉は、父親や夫からすると娘や妻は人形という物にすぎないことを鋭く告発している。家を出ようとするノーラを引き止めるべく、ヘルメルはまずはノーラを叱責してみるが、ノーラの決意が固いことをさとり、最後には、「おれは、別人になってみせるよ」、と泣き言を言う。ノーラは冷たく、「そうね、—あなたから人形が取り上げられたらね」(170)、と突き離す。エルヴィンであれヘルメルであれ、捨てられた男たちの目には、女性は他者としてうつったにちがいない。いや、女性はもともと他者だったのだ。しかも現実の世界で。このような経験的な現実の世界を超えるもう一つの現実は、まだ生きられていなかった。

女性が他者であることが明らかになったとき、ピュグマリオン的欲望から解放されることのない男性はどのような人生を歩むことになるのだろうか。その一つの答えは、イプセンの戯曲とケラーの小説の登場とほぼ同時期の1886年に発表されたゾラの『制作』に見てとることができる。

主人公の画家クロードは、自分の妻であるクリスティーヌをモデルにして、女性の姿を描いていた。クロードがその絵の制作に没頭するにつれて、彼はクリスティーヌよりも、自分が描いている女性像に心を奪われるようになる。それにともない、夫婦の性交渉がなくなる。クリスティーヌは当初、夫の仕事を優先し、セックスレスに耐えていたが、「八ヶ月と七日過ぎた」とき、ついに彼女の堪忍袋の緒が切れる。「ああ、その絵、そう、あなたの絵、その女は、わたしの命をめちゃめちゃにしてしまった人殺しよ」（284）、とクリスティーヌは激昂する。しかし、クロードが妻との性交渉をおこたっていたのは、絵の制作に没頭していたために時間を惜しんでいたからではない。クロードは妻をモデルとしたその女性を描くだけでなく、その「作品に生命を吹きこもうとやっきになって」いた（280）。生命を吹き込むだけではない。クロードは自分が描いた、というより自分が生み出しつつあるその女性像に、強烈な性的欲望を抱くようになっていたのだ。クリスティーヌは、絵を描くクロードの姿を目にする。

クロードが、絵具をたっぷりつけた筆で、恍惚と愛撫するかのように、女のふっくらとした体の曲線を、太いタッチで描いていたのである。くちびるにはかすかな笑みさえ浮かんでいる。ロウソクが溶けて熱い蠟《ろう》が指に流れているのも感じていない。ただひたすら、黙々と大カンヴァスに向かい、熱のこもった腕の往復をくり返している。とてつもない黒々とした大混交、まさに猛々《たけだけ》しい男と女のからみ合い。クロードが裸の女に取り組んでいたのだった。(282)

「絵具をたっぷりつけた筆」や「熱のこもった腕の往復」が何を暗示しているかは、ほぼ自明だろう。クロードは生身の女性ではなく、自分が「制作」している作品と交わっているのだ。

それでもクロードは、クリスティーヌの強い求めに応じて、彼女と久しぶりに寝ることになる。それは、「愛の嵐」にもたとえられる。二人は、「二人が結ばれた頃でさえ、これほどの昂奮を味わったことがなかった。幸せだった過去がこれまでにない激しさで二人の心に甦り、狂わんばかりの恍惚感に酔い痴れていた」(296)。満足したクリスティーヌは、クロードに向かって、「このわたししかいないと言いなさい。いましているようにわたしを抱いているのが唯一の幸福だ、他の女、あのあなたが描いた淫売女に唾をひっかけてやると言いなさい」(297)と命じる。クロードは素直に、「いいとも、唾をひっかけてやる。

おれにはきみしかいない」（297）と応える。満足しきった二人は熟睡する。しかし、夜が白みはじめる頃、クロードは、「アトリエの奥から彼を呼んでいる高い声が聞こえたよう」（298）に感じる。彼はその声にひかれ、まだ寝ているクリスティーヌを起こさないように注意しながら、アトリエに向かう。しばらくして目を覚ましたクリスティーヌは、隣にいるはずのクロードが見あたらないことをいぶかりながら、アトリエに向かう。彼女が目にしたのは、「淫売女」の絵を前にして、首を吊ったクロードの姿だった。クロードは、「あたかも最期の息で女の体に魂を吹きこもうとするかのように、神秘のバラの花を陰部に咲かせた女のすぐ近くに寄り、いまも瞳をすえて凝視していた」（300-301）。クロードはピュグマリオンのように、みずから理想の女性を造形し、それにみずから命を吹き込み、彼女と交わった。しかしながら、オウィディウスの神話とは異なり、その交わりはパポスのような子をもたらすことはなかった。ピュグマリオン的欲望を充足した代償は死だった。[6]

画像03：コリア『リリス』

画像 04：シュトゥク『罪』

画像 05：ビアズレー『クライマックス』

ピュグマリオンである間は見ることができていた夢から覚めた男たちは、他者としての女性を前にして、恐怖におののく。その恐怖が投影されたのが、19世紀末にあふれるファム・ファタルの姿だ。たとえばコリア『リリス』（1892）（画像03）、シュトゥク『罪』（1893）（画像04）、ビアズレー『クライマックス』（1894）（画像05）などでは、女性は男性のファロス的イメージを馴致したり切断したりする。

　イメージではなく生身の女性としてのファム・ファタルを体現していたのが、アルマ・マーラーだった。自分自身を「解けないなぞに包まれている女」と呼び、いつの日か自分が「あの女はスフィンクスだったのだ」と言われることを予言したアルマは、三度結婚し（作曲家のマーラー、建築家のグロピウス、小説家のヴェルフェル）、画家のココシュカ、作曲家のツェムリンスキー、画家のクリムトをはじめとする当時の著名人の恋人だった。[7]

画像 06：ココシュカ『風の花嫁』

なかでもアルマとココシュカの関係は、ピュグマリオン的欲望がファム・ファタルに向かったときの失敗と、暫定的な解決をドラスティックに示している。ココシュカの『風の花嫁』（1913）（画像06）は二人の愛の行為を描いた作品とされている。この作品を制作したのち、アルマはココシュカとの間にできた胎児をおろし、二人の別れが決定的になる。アルマへの思いを断ち切ることができないココシュカは、アルマを模した等身大の人形を作らせた。この人

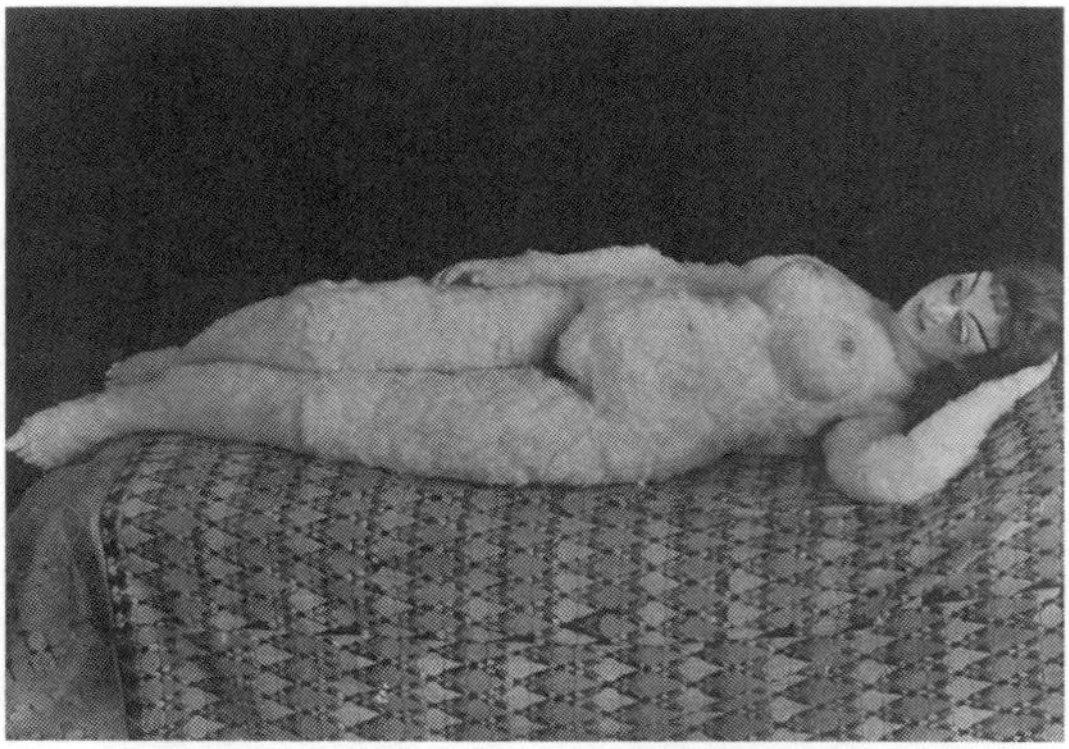

画像07：ココシュカがつくらせたアルマの人形

形（画像07）をココシュカはオペラ劇場やパーティ会場に同伴したのみならず、この人形の世話をするメイドまでやとったらしい。[8] 生身の女性を人形のように愛することに挫折したピュグマリオン的欲望は、人形を生身の女性のように愛するという方法を発明した。かくして、生身の身体が属する経験的な現実とは異なるもう一つの現実が生きられはじめる。

1　ケラー（道家忠道訳）「白百合を紅い薔薇に」、『世界の文学 14：ケラー、シュティフター』（中央公論社、1965）7頁。以下、ケラーのテクストから引用する場合は、当該箇所の直後の丸括弧内に頁数をしるす。なお、原文は Gottfried Keller: Sieben Legenden. Das Sinngedicht. Martin Salander. Hg. von Dominik Müller. Franfurt am Main: Deutscher Klassiker Verlag 1991 を参照した。このテクストの成立史に関する情報はＤＫＶにつけられた注解による。

２　ゴットフリート・ケラー（吉田次郎訳）『白百合を紅薔薇に』（白水社、１９５４）。

３　『女房学校』においてアルノルフがアニェスに熟読するように命じる「結婚の栞《しおり》、またの名、妻たるの道」の第7条には、「妻たる者、よしや不便を感ずるとも、調度のなかに、インキつぼ、インキ、便箋、ペンなどを置くべからず」（138）、という戒めがしるされている。筆記メディアを使用することで、女性は我が身の周辺で起こることを記録したり、それを再読して内省したり、さらには他の人びとと連絡をとることもできる。アニェスが小石を入れた手紙を恋人のオラースに投げる場面がある。オラースはその方法と手紙の文面に感嘆し、アニェスが「知恵を磨くすべを心得て」（143）いたことを知る。それは、アルノルフから強いられた教育ではなく、アルノルフから強いられた環境の中での独学による成果だった。

４　イプセン（原千代海訳）『人形の家』（岩波文庫、１９９６）１５７-１５８頁。以下、イプセンのテクストから引用する場合は、当該箇所の直後の丸括弧内に頁数をしるす。

５　エミール・ゾラ（清水正和訳）『制作』（岩波文庫、１９９９）下巻、２８８頁。以下、ゾラのテクストから引用する場合は、当該箇所の直後の丸括弧内に頁数をしるす。

６　『制作』の半世紀ほど前、１８４２年にポーの『楕円形の肖像』が発表された。そこでも、生身の女性である自分の妻の肖像画を描く男性画家が登場する。絵が完成した瞬間、妻は息絶える。画家はおそらく生き延びたのだろう。

7　ベルント・W・ヴェスリング（石田一志、松尾直美訳）『アルマ・マーラー　華麗な生涯』（音楽之友社、１９８９）８頁。

8　Bonnie Roos: Oskar Kokoschka's Sex Toy: The Women and the Doll Who Conceived the Artist. In: Modernism/modernity, Volume 12, Number 2, April 2005, pp.291-309を参照。ココシュカが作らせたアルマの人形については、古川真宏「肖像としての人形――オスカー・ココシュカのアルマ人形をめぐる一考察」、『ディアファネース：芸術と思想』第６号（２０１９）、83-１０９頁も参照。１９２０年代のヨーロッパのアート・シーンでは人形のイメージが流行した。Sigrid Metken: Pygmalions Erben. Von erdachten, gemalten, modellierten und genähten Puppen in den 20er Jahren. In: Klaus Gallwitz (Hg.): Oskar Kokoschka und Alma Mahler. Die Puppe. Epilog einer Passion. Frankfurt am Main: Städtische Galerie im Städel 1992. S.79-83を参照。

7. 独身主義者のためのメディア・テクノロジーに向かって：

リラダン、ショー、ニーチェ、ユイスマンス

女性が人形であることを止め、ファム・ファタルになるとき、多くの男性は独身主義者にならざるをえないだろう。この時代、二人の独身主義者がピュグマリオンを呼び出した。ニーチェは『道徳の系譜』（１８８７）におさめられた、美と禁欲の関係を論じた第三論文において、「美とは関心なしに快いものである」、というカントによる美の定義と、それを「〈幸福の約束〉」と呼ぶスタンダールによる美の定義を並べ、どちらが正しいのかを問う。ニーチェによれば、美学者たちはカントにくみして、「一糸まとわぬ女人の立像すら〈関心なしに〉に眺められうる」、と主張するが、芸術家たちの経験は「〈より関心深い〉」ものであり、芸術家であったピュグマリオンは「〈美的趣味なき人間〉」ではなかった。[1] ニーチェにとって、ピュグマリオンは「一糸まとわぬ女人の立像」を前にして禁欲するのではなく、性的な「関心」に駆動された「幸福」な人間だった。

ニーチェは、ピュグマリオンが性的な「関心」をよせたのはピュグマリオンがみずからつくった「女人の立像」だったことを強調していない。それを強調するとき、ピュグマリオン的欲望をむきだしの名称で呼ぶことができるようになる。ニーチェが上のように書いた数年後、もう一人の独身主義者が、ピュグマリオン的欲望をそれにふさわしい適切な名前で呼んでしまった。ユイスマンスは『彼方』（１８９１）の主人公デュルタルに次のように語らせる。

> ところが、そのほかにもうひとつ、自分で創造した人物を汚す罪、つまりピグマリオニズムと名づけようと思っている罪があります。これは空想的なオナニズムと近親相姦とに関係しているものです。［…］ところが、ピグマリオニズムの場合には、父は精神的所産である娘を犯すので、その娘こそは、実際に、まったく純粋な自分の子で、他のものの血液の協力なしに産むことのできた人間であるはずです。ですから、これを犯す罪は、文字どおり自分自身のものを汚す、完全な罪です。また、この罪には、自然の理、すなわち神の創造に対する侮辱が見られないでしょうか。なぜならば、罪の対象とするものが、獣姦の場合のように、手にふれることのできる、生きた存在であるならばまだしも、決してそうではなく、まったく存在しない、ただ、才能の昇華して創造されたものを汚すわけで、かたじけなくも天才により、人工によって、時には不朽の生命を与えられる。いわば天上の存在とも見るべきものをもてあそぶのですからね。[2]

『変身物語』以降、18世紀中葉に至るまで、ピュグマリオンはヴィーナスに願をかけることで、生命のない彫像を女性へと変じてもらうことができた。リアリズムの時代になると、ピュグマリオンとしての男性は、生身の女性を教育して自分好みにつくりあげようとした。男性は教育者となることができた。もちろん、ひとときのことにすぎない。あらかじめ挫折が定められているこのような試みの次の段階が、19世紀には、教育者としてのではなく、新時代の芸術家としてのピュグマリオンの再登場である。神の死が宣言される時代に、芸術家はもはや神を必要としない。それればかりか創造者としての神の地位を簒奪する。神の死が宣言される時代に、ピュグマリオン物語が新しいフェーズに入る。この新しいフェーズの輪郭を描くために、少し時代をさかのぼっておきたい。

1780年にはレチフ・ド・ラ・ブルトンヌの『当世女――恋する女たちの人間模様』が刊行され、その劈頭を飾る物語が、「新ピグマリオン［Le nouveau Pygmalion］」だった。1825年にはインマーマンの『新ピュグマリオン［Der neue Pygmalion］』が発表された。“nouveau”であれ“neu”であれ、二つのタイトルが明らかにしているのは、ピュグマリオン物語が、新機軸のピュグマリオン物語として構想されたということだ。当時のヨーロッパの思潮を背景にすれば、それは単なる新機軸ではなく、ピュグマリオンの近代化にほかならない。ただしその近代化とは、つまるところ脱神話化にすぎなかった。この時代には、もう一つ別の、おそらくピュグマリオン神話よりも知られたギリシア神話が近代の装いのもとにリバイバルした。メアリー・シェリーの『フランケンシュタイン、近代のプロメテウス［Frankenstein; or, The Modern Prometheus］』（1818）である。近代は、“nouveau”や“neu”ではなく、文字どおり“modern”として明示される。

ピュグマリオンと同じく、プロメテウスもヒトを造った。しかし近代のプロメテウスであるフランケンシュタイン博士は、女性を教育するのではなく、自然科学の知見を結集してヒトを造った。ユイスマンスの言葉を借りれば、これは「自然の理、すなわち神の創造に対する侮辱」である。ユイスマンスの同時代人はさらに、マッド・サイエンティストを仮構するのではなく、実在する人物を呼び出すことになる。しかもこの実在するサイエンティストは自然科学の知見ではなく、自ら発明したテクノロジーを駆使してヒトを造る。

ゾラの『制作』が発表されたのと同じ年、1886年に（『道徳の系譜』が出版される前年だ）、ユイスマンスの友人でもあったヴィリエ・ド・リラダン[3]の『未来のイヴ』が発表された。これまでのピュグマリオン物語では、創造者と享楽者が同一人物だった。『未来のイヴ』では創造者と享楽者が分離する。欲望主体は芸術家ではなくなる。教育者でもない。欲望主体には創造する能力が求められないのだ。欲望主体は純粋な享楽者となる。欲望主体としてのエワルド卿には、アリシヤという恋人がいた。アリシヤは、その外見のみならず声音や体臭にいたるまで非の打ち所のない美しさをそなえた女性だが、彼が「霊魂」と呼ぶ内面は、彼女の外面とは正反対に恐ろしく低劣だ。彼女の「内部には、この肉体と全く縁もゆかりもない人格が入って」[4] いる。オウィディウスが描くピュグマリオンと同じく、[5] エワルド卿もまた現世の女性を嫌悪する。恋人の「肉体」と「霊魂」の乖離に絶望するエワルド卿は、生きている恋人アリシヤを、いわばネクロフィリアの眼差しで眺める。

> もし死というものが人間の容姿のみじめな消滅をもたらさぬとすれば、死んだアリシヤを眺めることこそ私の望むところでしょう！　要するに、あの女の姿かたちが眼の前にありさえすれば、たとえそれが幻のようなものであっても、それだけで、幻惑された私のつれない心には充分なのです。（104-105）

『制作』では、クリスティーヌが「まるでわたしが嫌でたまらないみたいに、夜、あなたはわたしから逃げ出し、他の場所に行ってしまう。なにかを愛するために？　なにも無いじゃありませんか。ただの幻じゃないの」(289-290)、とクロードを糾弾した。クロードは「ただの幻」に、われしらず誘われ、自殺した。エワルド卿は「幻」であることを自覚しながら、それを愛する。エワルド卿は私たちの同時代人だ。先走りすぎた。ゆっくり進もう。

アリシヤが死体となることで、劣悪な内面が削除され理想の女性が出現する。もちろんそれはかなわない。死は生物の「肉体」も劣化させるからだ。この難問を解決するのが、「メンロ・パークの魔法使」(14) ことエジソンである。エワルド卿が口にする、「誰かがあの肉体からあの魂を取除いてくれないかなあ」(99)、という願望は、エジソンであってもそのままかなえることはできない。エジソンはアリシヤと瓜二つのハダリーという人造人間をつくる。ただし、エジソンはハダリーに「魂」をインストールしない。ハダリーの「魂」は空所のままだ。というか空所のままであることが必須である。なぜならば、ヴィーナスのように美しさを極めた存在は、それを「眺める者の精神によってしか物を想」(91) わないし、それは観察し欲望する主体がその存在を「究め得る深さに応じたもの」(92) になるにすぎないからだ。空所だからこそ、そこに「魂」を自由に読み込むことが可能になる。ハダリーはエワルド卿に次のように懇願する。

あなたはお忘れになっていらっしゃいますけれど、わたくしが溌剌《はつらつ》と生気を帯びるのも、死んだように動かなくなるのも、それはただあなたのお心の中でそうなれるだけのこと、そしてこのようなお気遣いはわたくしにとって致命的なものともなりかねないのでございます。もしあなたがわたくしの存在をお疑いになったら、わたくしはお終《しま》いでございます。(410)

ハダリーが欲望主体によって生気を吹き込まれたように、作者であるリラダン自身はE.T.A.ホフマンの『砂男』(1816)にインスパイアされた。『未来のイヴ』第1巻ではまずエジソンが紹介され、「蓄音機のパパ」と題されたその第2章のモットーでは、E.T.A.ホフマンの『砂男』の一節が引用される。『砂男』の主人公のナターナエルは自動人形のオリンピアに恋をする。オリンピアは「ああ—ああ!」という言葉と、ごく少数の言葉しか発語することができないが、それにもかかわらず、ひょっとするとそれゆえに、ナターナエルはオリンピアに激しく惹かれる。ナターナエルはオリンピアを、「ぼくの全存在を映しだす深い心」[6]、と呼ぶ。オリンピアはナターナエルの欲望をそのまま「映しだす」鏡であり、ナターナエルの他者ではない。ルソーの『ピグマリオン』におけるガラテと同じように、オリンピアはナターナエルの私の世界に棲まう他者、すなわち疑似他者である。エジソンの手になるハダリーはエワルド卿にとって、ピュグマリオンに対するガラテアである。違いは、創造者と欲望主体が別人物だということだけだ。だがこの違いは大きい。欲望主体はもはや創造者である必要はない。創造力ではなく、想像力さえあればよい。むしろ、創造から解放され、想像にすべてのエネルギーを投入することができるのは好都合だ。

従ってあの女の真の人格は、あなたにとっては、あの女の美の閃きがあなたの全存在の裡に呼びさました「幻影［Illusion］」に他なりません。［…］要するに、あなたがあの女の中に、呼びかけたり、眺めたり、創り出したりしておられるものは、あなたの精神が客観化されたこの幻であり、あの女の中に二つに分けられたあなたの魂に他なりません。［…］幻［Illusion］に対するに幻を以てす。ハダリーと呼ばれるあの合成の「存在」は、その存在を敢て抱懐する人の自由意志に依存することになります。この存在にあなたの存在を与えてやって下さい！（146-147）

エジソンはハダリーに血と肉を与え、彼女を生身の女性に限りなく近づけ、そうすることで、実在するアリシヤに代替させるつもりは、もうとうない。エジソンがもくろんでいるのは、人造人間をつくることではない。ハダリーはあくまでもエワルド卿の「幻影」であり「幻」だということを、エジソンは当のエワルド卿にあえて念押しする。エジソンは「幻影」や「幻」の力を確信している。エジソンからすれば、もはや「幻影」でも「幻」でもない現実は存在しないからだ。[7] 当初エワルド卿は、人造人間であるハダリーを恋人にすることなどとうていできないと考え、「困ったことに、私の眼はよく見えるのですよ」(142)、とエジソンに断言する。エワルド卿は自分の眼は迷わないと自信たっぷりだ。それに対してエジソンは、「自我という揺れ動く牢獄の中でむなしくじたばた騒ぐばかり」の「人間」というものは、「その取るに足りぬ五官によって閉じ籠められている「錯覚［Illusion］」から脱出することが出来ない」(143)、と反論する。「現実」と呼ばれる外界を、人間は「五官」というメディアを通して知覚する。だから、外界はつねに「錯覚」される。

『砂男』では眼球や望遠鏡と並んで眼鏡が重要な役割を果たした。『未来のイヴ』でも、エワルド卿が眼鏡をかけていることが、さりげなく確認される（106、396、413、415）。人間の視覚はすでにそれ自体で「眼鏡」だというのが、『未来のイヴ』におけるエジソンの認識論だ。しかし、エジソンは認識論を開陳して満足する哲学者ではなく、その認識論をテクノロジーによって実現してみせる発明家だった。フランケンシュタイン博士が人造人間を実体としてつくったのとは異なり、エジソンはハダリーという人造人間をつくったのではなかった。エジソンは、欲望主体が「幻」を実体として経験することができるメディア・テクノロジーを開発した。「「光明」の崇高な助力を得て、私はあの女を厳密に再現し、複製してみましょう！　そして、あの女をその放射物質の上に投影して、天使も驚くようなこの新しい創造物の架空の魂を、あなたの憂愁で燦爛《さんらん》と輝かせて御覧に入れます」（137）、とリラダンがエジソンに宣言させた数年後、実際にエジソンは映画の先駆形態であるキネトスコープを発表した。ピュグマリオン的欲望はメディア・テクノロジーを呼びよせ、人造人間を造らないでもすむ方法を手に入れた。欲望主体には創造の才は不要になった。欲望主体には想像の強度さえあればよい。[8]

エジソンが動画のテクノロジーであるキネトスコープの特許を申請したのは１８９１年のことだった。それより前、１８７６年にエジソンは電話の特許を申請したが、直後に申請したグラハム・ベルが特許権を取得した。バーナード・ショーの伝記には、エジソンとベルの名前が登場する。ショーは作家として自立する前、1879年にエジソン電話会社に短期間勤務していた。ショーはそこで、電話の科学的な原理を知っていた唯一の社員であり、専任の講師の代わりにエジソンの発明を実演することに最大の喜びを感じていたらしい。[9] ショーはまた、聴覚障害者のための音声記号である「視話法」に興味をもったことに触れたテクスト[10]のなかで、それを創案したアレクサンダー・メルヴィル・ベルの名を挙げ、彼の息子が電話を発明したことに言及している。ショーの手になるピュグマリオン物語では、エジソンやベルが発明した音のテクノロジーが重要な役割を果たすことになる。ショーの『ピグマリオン』は1913年に初演された。20世紀初頭の作品であるにもかかわらず、そこではピュグマリオン的欲望に駆動されるのは、またもや教育者である。ただし、近代の教育者とは異なり、現代の教育者は発明されたばかりのメディア・テクノロジーを駆使することができる。

　ショーの『ピグマリオン』において、ヒギンズとピカリングという二人の教育者は、花売娘のイライザに言語教育をほどこすために、彼女を記録する。記録のために使われるのは、発音記号だけでなく、前世紀の前半に発明された写真と前世紀の後半に発明された蓄音器だ。二人の独身男性は、「新しいイライザ」を造りあげるために、彼女の毎日の変化を「何ダース」もの「蓄音器のシリンダーや写真」（144）として保存している。イライザという生身の女性は、記録され教育され、いわば改造される。ヒギンズに愛想を尽かしたイライザは、ヒギンズが彼女なしでやっていくしかない、と宣言する。

ヒギンズ：（傲慢に）僕はやっていけるよ。誰がいなくたって。自分の魂があるからね。自分の神聖な炎のきらめきが。けど（急に下手《したて》に出て）君がいないと、さびしいだろうな。イライザ。（オットマンの上の彼女の近くに座る）君のバカげた考えから学ぶこともあった。白状するよ。感謝してる。それに、君の声や姿にすっかりなじんでしまって、正直、気に入ってる。
イライザ：そう、蓄音機とアルバムに入ってます。わたしがいなくなってさびしかったら、そのスイッチを入れて下さい。機械は感情を害したりしませんから。［…］
ヒギンズ：考えているよ、人生のことも、人類の社会のことも。君たちもその一部であって、たまたま僕の人生に入ってきて、僕の家に据え付けられた。だから、考えている。それ以上何が望みなんだ？（221-222）

ヒギンズはイライザとの別離を悲しむ。しかしそれは、彼の自我という全体の「一部」が欠如することになるからだ。ヒギンズが口にする「人生」は、ほかならぬ彼自身の、彼だけの「人生」である。イライザはヒギンズの「家」に持ち込まれた、比較的重要度の高い家具にすぎない。

イプセンの『人形の家』と同じく、『ピグマリオン』でも、欲望する主体としての男性をあらわす「家」のメタファーは、男性が所有する女性をあらわす「人形」のメタファーとセットになっている。ヒギンズの母親は、イライザに対するヒギンズとピカリングの、文字どおり人を人とも思わぬ振る舞いを目のあたりにして、「まったく、あなたち二人とも大きな赤ん坊ね、生きたお人形で遊んでいる」(143)、と非難する。ヒギンズは「かたくなに独身を守っている」(82)ことを誇り、自分が「とびきりの美人ばかり」に英語の喋り方を教えてきたが、彼女たちに惹かれないことを次のように告白する。

でも、食指が動くことはない。丸太ん棒を相手にしているようなもんだから。むこうも丸太ん棒を相手にしていると思ってたんじゃないかな。(83)

ヒギンズに性的な能力があるかどうかは問わないにしても、彼が生きた女性を愛することができないことは確実だ。「人形」という、変数が極度に少ない反応しか示さない存在だけが、ヒギンズの相手になることができる。最終的にイライザはノラと同じように「人形」になることを拒否し、ヒギンズの「家」から離れ、別の男性と結婚する。ヒギンズが蓄音器や写真に記録されたイライザを相手にして自ら心慰める姿は、ショーの戯曲には記述されていないので、少なくともショーの戯曲内で判断する限りにおいて、メディア・テクノロジーは女性を脱他者化するツールには、まだなっていない。写真と蓄音機という、19世紀前半と19世紀後半に発明されたメディア・テクノロジーによっても馴致されることがなかった女性が、別のメディア・テクノロジーによって、ピュグマリオン的欲望のターゲットになるという夢が、20世紀中葉には見られることになる。

1　ニーチェ（信太正三訳）「道徳の系譜」、『ニーチェ全集』（ちくま学芸文庫、1993）第11巻、496頁。ニーチェはこの箇所の直後で、「これまで偉大な哲学者にして結婚した者などあったろうか？　ヘラクレイトス、プラトン、デカルト、スピノザ、ライプニッツ、カント、ショーペンハウアー、――彼らは結婚しなかった」（同書、５０１頁）、と述べている。アンデルセンの『影』（１８４７）には、カントとおぼしい学者が登場する。この学者は、「この世の真実と、何が善で何が美であるかについて、本を何冊か書きました」、と紹介されている。寒い国からやってきたこの学者は、泊まっている旅先の宿の向かいの建物のバルコニーに一人の美少女がたたずんでいる夢を見る。だが目を覚まして、向かいの家をながめても、少女はおらず、奥の方から音楽が聞こえてくるだけだった。ある晩のこと、この学者が自分の宿のバルコニーに座っていると、背後の明かりによって彼の影が向かいの家の壁に伸びていく。学者の影は一つまた一つと扉を開け、「時間をたっぷりかけ」て、「処女の部屋」に入っていく。真善美を論じた独身者は内なる「影」をコントロールすることができない。アンデルセン（長島要一訳）『影』（評論社、２００４）16、29頁。アンデルセンから見て、「影」から解放されることがなかったカントは、かつてオウィディウスの『変身物語』を「異様［Fratzen］」と評した。カント（久保光志訳）「美と崇高の感情にかんする観察」、『カント全集』（岩波書店、２０００）第2巻、３３３頁。

2　J-K・ユイスマンス（田辺貞之助訳）『彼方』（創元推理文庫、１９７５）２３６-２３８頁。

3　ユイスマンスの『さかしま』のなかで、主人公のデ・ゼッサントは、「アメリカから輸入された怖ろしい媚薬以外は、すべての文学が生ぬるく思われるようになって」しまい、リラダンの小説を手にした、と告白している。J-K・ユイスマンス（澁澤龍彦訳）『さかしま』（河出文庫、２００２）２６４頁。

4　ヴィリエ・ド・リラダン（齋藤磯雄訳）『未来のイヴ』（創元ライブラリ、１９９６）81頁。以下、リラダンのテクストから引用する場合は、当該箇所の直後の丸括弧内に頁数をしるす。
5 『未来のイヴ』では一度だけピュグマリオンが言及される（312）。
6 ホフマン（大島かおり訳）『砂男／クレスペル顧問官』（光文社古典新訳文庫、２０１４）62頁。
7 ゲイビー・ウッド（関口篤訳）『生きている人形』（青土社、２００４）１６２頁には、エジソンが書いた日記の一節が引用されている。「町を散歩していると、車に乗り込もうとしている女を見かけた。とても長身でひどく痩せている。しかも乾ききった感じだ。私の機械的精神が直ちにはたらく。この女の腕と膝の関節にメスを入れ、自動給油の油入れを挿入すれば、歩いてもあの不愉快な軋みをかなり軽減できるはず。なるほど、これはいい考えだ」。これがエジソンの見た「現実」である。
8 ココシュカは出来上がった人形に落胆した。ナターナエルは、それを愛していない周囲の傍観者たちから見れば、なんの魅力もない人形にすぎない女性像を愛することができた。ナターナエルは望遠鏡やメガネや窓というメディアを持っていたからだ。ココシュカは人形をダイレクトに見てしまった。ココシュカは蓄音機と映画の時代に生きていたにもかかわらずだ。そういえば、ココシュカは画家だった。対象をありのままに見るという不幸を生きてしまったのかもしれない。
9 Sally Peters: Bernard Shaw: the ascent of the superman. New Haven and London: Yale University Press 1996. Pp. 56-57.
10 バーナード・ショー（小田島恒志訳）『ピグマリオン』（光文社古典新訳文庫、２０１３）に収められたショー自身による「序文　音声学の教授」。同書10頁。以下、ショーのテクストから引用する場合は、この訳書を使い、当該箇所の直後の丸括弧内に頁数をしるす。

8.「石の夢」：ロダン

画像08：ロダン『ピュグマリオンとガラテア』

19世紀から20世紀への転換期、『未来のイヴ』では映画が先取りされ、『ピグマリオン』では蓄音機と写真が投入された。ピュグマリオン的欲望が新興のメディア・テクノロジーとともに表現されるようになったのだ。ところが、この時期、言語でも絵画でも映画でもなく、いわば先祖返りするかのように、オウィディウスの『変身物語』に登場するピュグマリオンと同じく、ほかならぬ彫刻によってピュグマリオンと彼がかたどる女性をかたどった芸術家が、虚構の世界ではなく現実の世界に登場した。ロダンは、『ピュグマリオンとガラテア』の下絵を1889年に描いた。その大理石像が完成したのは1908／09年と伝えられている[1]（画像08）。ピュグマリオンとガラテアを彫刻したのはロダンが最初ではなかった。1763年に完成したファルコネの作品（画像09）は、ロダンの作品よりも有名であり、ディドロをはじめとする当時の文筆家を強くインスパイアした。[2] 二つの作品の共通点と相違点をながめると、20世紀におけるピュグマリオン的欲望の方向性がみえてくる。

ファルコネもロダンも、ピュグマリオン像をつくったのではなかった。ガラテア像でもない。彼らがつくったのは、ガラテア像を彫るピュグマリオンの像だった。当然のことだ。ピュグマリオン像だけでは、単なる男性像にしかならないし、ガラテア像だけでは、単なる女性像にしかならない。これはしかし、彫刻作品だけにあてはまることではない。古来ピュグマリオン物語では、ピュグマリオンと女性像は、あるいはピュグマリオン的欲望に駆動されている男性と、彼が愛する女性は、一対のものとして描かれてきた。

ピュグマリオン物語を彫刻することの特殊性は、彫刻家がみずからの創作行為を彫る点にある。ピュグマリオンは生身の女性たちに絶望し、

画像09：ファルコネ『ピュグマリオンとガラテア』

自分の美意識を十全に満足させてくれる女性像を彫った。しかも、その女性像はピュグマリオンの愛を受けて、生身の女性となり、妊娠すらしたのだ。ピュグマリオンは自作の彫刻を愛し、ついにはそれと交わる。彫刻家はみずからの創作行為を対象化するだけではない。みずからの創作物をあがめ、それに生命を与えることを、題材のレベルで観察し、創造のレベルで経験する。

『ピュグマリオンとガラテア』という同じタイトルをもつファルコネとロダンの彫刻作品に共通しているのは、このような自己参照的構図である。両者の相違は、この自己参照的構図という枠組が破られてしまっているかどうかという点にある。急ぎすぎた。二つの作品を見比べてみよう。もっとも大きな違いは、ファルコネの作品にはキューピッドが加えられているということだ。キューピッドはガラテアの手にキスしている。キューピッドはヴィーナスからの指示を受け、彫像にキスをすることで、それを生身の女性に変身させる役割を帯びているかもしれない。ロダンの作品にはキューピッドはいない。だからヴィーナスの助けなしに、ピュグマリオンが独力でガラテアを創造したと解釈することができる。また、ファルコネの作品では、キューピッドだけがガラテアに接触している。ピュグマリオンはガラテアを仰ぎみるだけであって、彼女に触れてはいない。ピュグマリオンはガラテアを幻視しているのかもしれない。それにたいしてロダンの作品では、ピュグマリオンの口はガラテアの腹部にキスをしているように見える。さらに、ファルコネの作品では、ガラテアは全裸だが、ピュグマリオンが服をまとっているのにたいし、ロダンの作品では、ピュグマリオンもガラテアも全裸である。セクシュアルな含意は、ピュグマリオンとガラテアの視線によってさらに強調される。ファルコネの作品では、ガラテアの視線とピュグマリオンの視線の方向は合っている。ロダンのガラテアはピュグマリオンから顔をそむけ、視線は下を向いている。恥じらっているのだろうか、それとも拒絶しているのだろうか。ロダンの作品からは、オウィディウスが語った神話からは読みとることができない男女関係の生々しさが感じられる。ロダンのこの作品に、『ピュグマリオンとガラテア』というタイトルが付けられていなければ、鑑賞者が目のあたりにするのは、交わる直前の一人の男と一人の女の姿態である。

ファルコネとロダンが彫ったのは、自作の女性像を愛し、それと交わった彫刻家ピュグマリオンの姿だったことを再度確認しておこう。石が生命を得るかのように彫ること。これはファルコネやロダンに限らず、彫刻家の夢であるにちがいない。作品の内部では彫刻家ピュグマリオンが彫った女性像が生動し、そのような彫刻家の夢を彫る彫刻家は、位置

画像10：ロダン『ガラテア』
© Omar David Sandoval Sida / Wikimedia Commons

としては作品の外部にいる。しかし、作品の内部のドラマにたいし、作品の外部にいる彫刻家はそのドラマを掘りすすむことで、それを自分自身のドラマとして生きてしまう危険にさらされる。あるいは逆に、実際にそのようなドラマを生きていたがゆえに、作品内世界とみずからの恋愛生活が重なってしまうこともあるだろう。いずれにしても、ガラテアの腹部にキスをしたのは、ロダン自身でもあったように思われる。

すでに長々と説明してきたように、ピュグマリオン物語の流れのなかで、ピュグマリオンは彫刻家ではなく教育者になることで、神話性を脱ぎすて、リアリティを獲得するようになった。ロダンは彫刻家であるとともに教育者でもあった。アトリエで弟子たちを指導した師匠でもあった。生存しえない物を彫るだけでなく、生存している者を育てる人でもあった。それだけではない。ロダンは弟子たちに、固い物体を生き生きとした像へと造形する［bilden］ことを教育した［bilden］のだ。しかしながら、ロダンはそこでとどまることができなかった。ロダンもまたピュグマリオンと同じく、彼が造形＝教育した者を（物ではなく）愛した。ロダンには『ピュグマリオンとガラテア』とは別に、ガラテアだけを単独で描いた作品がある（画像10）。ただし、1889／1990年に造られたロダンの『ガラテア』はロダンのオリジナルではない。1887年、ロダンの弟子であったカミーユ・クローデルは『束を背負った若い娘』という作品を塑造した（画像11）。ロダンは『ガラテア』という大理石像を造るにあたり、カミーユ・クローデルのこの作品から着想を得ていたというのが定説である。[3] ただし、ロダンにとってカミーユ・クローデルは、彼に先んじて『ガラテア』のモデルになる若い娘の彫刻作品を造った弟子の一人にとどまらなかった。カミーユ・クローデルはロダンに

画像11：カミーユ・クローデル『束を背負った若い娘』
© Pierre André / Wikimedia Commons

とって生身のガラテアでもあった。

カミーユ・クローデルがロダンに弟子入りしたのは1882年のことだった。[4] ロダンはその翌年、カミーユ・クローデルにラブレターを送っている。ロダンは彼女を「わたしの無慈悲な友」と呼び、「これ以上は耐えられない。君に会わずにはもう一日たりとも過ごせない。さもなくば、ひどい狂気だ、もうお終いだ。もはや仕事をすることもできない。意地の悪い女神よ、そしてそれでも君を猛烈に愛している」、と愛を告白する。全裸の男女が抱き合い抱擁する『接吻』(画像12)は、1887年ジョルジュ・プティ画廊に展示された。そこにロダンとカミーユ・クローデルの姿を重ねてみることは不可能ではないだろう。[5] 彼女はロダンの作品をそのように受けとめていたにちがいない。ロダンが『接吻』を発表した翌年、1888年にはカミーユ・クローデルもまた、同じようなモティーフの作品を春のサロン展に出品した。インドの叙事詩に基づいた『シャクンタラー』(画

画像 12：ロダン『接吻』

像13）と題された作品である。カミーユ・クローデルの弟、ポール・クローデルはのちに、ロダンの作品と姉の作品とを次のように比較している。

『心からの信頼』と呼びうるわたしの姉の最初の作品とロダンの『接吻』とを比較していただきたい。後者においては、男はいわば女を食べる食卓についたのだ。よりよく女を味わうために座ったのだ。よろこんで座についたのだ。そして女のほうも、アメリカ英語で言うように、できるかぎり期待に答え《デリヴァー・ザ・グッズ》ようと努めている。わたしの姉の一組においては、精神がすべてである。ひざまずいた男は、欲望そのものであり、顔をのけぞらせて、そのすばらしい存在、一段と高いところからもたらされたその聖なる肉体を、あえてそ

画像13：カミーユ・クローデル『シャクンタラー』
© Chatsam / Wikimedia Commons

れを手に入れる以前に、吸い込み、抱きしめている。女のほうは、盲目になり、言葉も失い、ぐったりとして譲っている。つまり、愛というかの重みに譲っている。[6]

画像14：ロダン『永遠の偶像』
© artifacts / Wikimedia Commons

ロダンの『接吻』では女はみずから男の首に手を回し、男は女の左足の腿に右手をあて、二人の唇は重なっている。それにたいして、『シャクンタラー』では、二人の唇は重ならないし、女の右手も左手も男に触れず、その右手はむしろ自らの乳房を守っているように見える。ポール・クローデルによれば、欲望主体はロダンという男であり、この男は食欲にたとえられた性欲に駆動されて、カミーユ・クローデルを「食べ」ようとしている。それにたいして、カミーユ・クローデルの作品では、彼女は「精神」であり、その限りにおいて、ロダンの上位に立つ。『シャクンタラー』が展示された1888年の翌年にロダンが制作した『永遠の偶像』は、『シヤクンタラー』における男と女の位置関係を、ロダンが感知したことを示している（画像14）。男は両手を自らの身体の背後にまわし、左手は右手を押さえている。女を抱擁することを禁欲しているのか、それとも女に禁止されているのかは分からない。男は、女の左の乳房の下あたりにかろうじて口づけしているようだ。女の方はと言えば、背筋を伸ばし、自分にもたれかかってくる男を支えているように見える。視線も唇も交わることはない。男にとっては到達が不可能だからこそ、女は永遠の偶像にとどまる。

画像 15：カミーユ・クローデル『ワルツ』

ただし、カミーユ・クローデルはロダンからの求愛を拒否したわけではないようだ。ロダンの『接吻』と同じように男女が全裸で抱きあう姿を描いた『ワルツ』の制作に彼女が取りかかったのは、ロダンが『永遠の偶像』を公開した１８８９年頃だった[7]（画像15）。しかし結局、１８９３年あたりから二人の関係は終わりをむかえることにな

画像16：カミーユ・クローデル『分別盛り』

る。1898年に完成した第2作目の『分別盛り』（画像16）は、ロダンとカミーユ・クローデルとの決定的な別れをしるしづけている。ポール・クローデルは、この作品に描かれた、すがりつくように両手を伸ばす若い娘を、彼の姉、カミーユ・クローデルだとし、「嘆願し、辱しめられ、跪き、裸のままで。すべては終わった」、と述べている[8]。

19世紀末、ロダンは自ら彫刻家ピュグマリオンとなって[9]、ガラテアを彫った。自ら教育者ピュグマリオンとなって、カミーユ・クローデルを育てた。ロダンはさらに、カミーユ・クローデルに恋した。しかし、この恋は挫折した。ロダンとカミーユ・クローデルとの関係を、ピュグマリオンが理想の女性を彫刻するだけでなく、理想の女性を育てようとし、生身の他者であるその女性との関係が破綻するという、イメージの変奏史のラインにそってながめてみると、ロダンは古典古代から19世紀末に至るピュグマリオン物語の流れを我が身をもって生きていた、とまとめたくなる。だがそう解釈すると、二人の彫刻家、ロダンとカミーユ・クローデルの短い恋愛史は、ピュグマリオン物語史を凝縮する小さなエピソードにすぎないことになってしまう。けれども、二人の作品と二人の関係を、当時のメディア環境のうえに置いてみると、ピュグマリオン的欲望が新しいフェーズに入りつつあることが見えてくる。

ピュグマリオン物語を記述するために、リラダンは映画を予示し、ショーは写真と蓄音機を投入した。どちらも語るためのメディアは言語だった。そもそも彫刻家としてのピュグマリオンを語ったオウィディウスからして、選んだメディアは言語だったのだ。ところが、ロダンはオウィディウスによって語られるピュグマリオンをそのまま体現した。「体現した」というのは、彫刻の名人であり、理想の女性を彫り、彫った女性像のモデルを愛したことを意味する。たしかに、ロダン以前にもファルコネがピュグマリオンとガラテアを造形した。しかし、すでに述べたように、そこにはセクシュアリティを観察することはできなかった。ロダンの創作と恋愛においては、欲望の対象は読まれ想像されるのではなく、彫刻作品という虚構を通して生きられてしまう。虚構と現実とが地続きになっているのだ。

画像 17: ロダン『私は美しい』
© G.Garitan / Wikimedia commons

石に生命があるかのように彫ること、石を生動させること。これがファルコネとロダンに限らず、彫刻家の夢であるにちがいない。ロダンの『私は美しい』（画像17）という作品は、欲望に駆られた男にとらえられた女が必死に逃れようとする姿を描いている。その台座に、ボードレールの『悪の華』に収められている「美」の冒頭の詩節が刻まれている。[10]

おお死すべき者どもよ！　私は美しい、石の夢のように、
そして人々がかわるがわる触れては傷ついた、私の胸は、
物質と同じように永遠で無言の愛を
詩人の心によびさますように作られている。[11]

美しい「私」に惹きよせられた「人々」は、その「胸」に「触れて」傷つく。その「胸」は冷たい「物質」でできているにもかかわらず、あるいは「物質」でできているがゆえに、変わることのない「永遠」の愛を約束してくれる。ボードレールのテクストでは、「無言」の「物質」との接触によって、霊感（冷感ではなく）を得るのは、「詩人」だ。だが、この詩節を引用した彫刻家ロダンにとっては、ここに書かれていることはリアルな感覚だった。石を彫るときだけでなく、カミーユ・クローデルを愛する時にも。ロダンは、弟子の一人であり、かつカミーユ・クローデルの生涯の友でもあったジェシー・リプスコムに宛てた手紙に、「〈石の夢〉からは、ただ一度の返事をもらう希望すらもない」、と書いている。〈石の夢〉は現実に、ロダンからの手紙に返信を出してくれたかもしれないのだ。『私は美しい』において、男に抱きかかえられ、もがいている女を彫るさい、ロダンの脳裏にはカミーユ・クローデルの姿があったにちがいない。ボードレールの詩では、「石」に触れ、「石」から呼びかけられる体験は「詩人」の特権だった。「石の夢」からの手紙を待ちわびるロダンの感覚では、現実と虚構は地続きになっている。[12] それはしかし、19世紀末にはまだ、ロダンとカミーユ・クローデルという例外的な存在だけがかろうじて見ることができた夢だった。新しい世紀は、その夢を誰もが体験することができるメディア・テクノロジーを準備する。

1 Rainer Crone und Siegfried Salzmann（Hg.）: Rodin: Eros und Kreativität. München: Prestel 1991. S.186.

2 馬場朗「十八世紀におけるプロメテウス的芸術家の帰趨――ディドロと対峙するピュグマリオン・ファルコネ」、『群馬県立女子大学紀要』28号（２００７年）、１３３-１５９頁を参照。

3 レーヌ＝マリー・パリス、エレーヌ ピネ（南條郁子訳）『カミーユ・クローデル――天才は鏡のごとく』（創元社、２００５）、40頁を参照。

4 以下、特別にことわらない限り、ロダンとカミーユ・クローデルに関する情報はルース・バトラー（大屋美那、中山ゆかり訳）『ロダン 天才のかたち』（白水社、２０１６）によった。

5 ただし、この作品はすでに１８８１年から82年にかけて、ブロンズ像として制作されていたので、ロダンはカミーユ・クローデルと知り合う以前からこの作品を構想していた、とも考えることができる。フランス国立ロダン美術館監修（小倉孝誠他訳）『ロダン事典』（淡交社、２００５）３５９頁。

6 ポール・クローデル（山崎庸一郎訳）『眼は聴く』（みすず書房、１９９５）３１７頁。『カミーユ・クローデル――天才は鏡のごとく』（註３）によれば、『シャクンタラー』はのちに、ブロンズに鋳造されたさいには『心からの信頼』〔abandon〕と呼ばれ、大理石像としては『ウェルトゥムヌスとポモーナ』というタイトルが付けられた。

7 Anne Rivière, Bruno Gaudichon, Danielle Ghanassia: Camille Claudel : catalogue raisonné. Paris: A. Biro 2000. Pp.109-117 を参照。

8 ポール・クローデル（山崎庸一郎訳）『眼は聴く』（みすず書房、１９９５）３２７頁。

9　ジョン・バージャーはロダンをピュグマリオンになぞらえ、ロダンが「女性に対しては彫刻に抱くのと同じ気持ちを持たなければならないと思った。彫刻に対しては、女性に対するのと同じようでありたいと望んだ」、と指摘している。ジョン・バージャー（笠原美智子訳、飯沢耕太郎監修）『見るということ』（ちくま学芸文庫、2005）249頁。

10　この作品は、『接吻』が発表される前年、1886年、つまりロダンとカミーユ・クローデルが愛しあっていた時期、「人間の発情期の習作」と題された三つの作品の一つとしてパリの画廊に展示された。フランス国立ロダン美術館監修（小倉孝誠他訳）『ロダン事典』（淡交社、2005）359頁。

11　ボードレール（阿部良雄訳）『ボードレール全集Ⅰ 悪の華』（筑摩書房、1983）41頁。

12　阿部良雄が「石の夢」につけた註（同書490－491頁）によれば、これは、「夢という空漠たるものが石という堅固な物質を媒介として具体化する、思えば奇怪な、彫刻芸術特有の具象様態」をあらわしている。

9. 動く像：メリエスから

画像 18：ジェリコー『エプソムの競馬』

19世紀の前半には写真が、世紀末には映画が発明された。静止画であれ動画であれ、メディア・テクノロジーが人間の姿を正確に記録する時代が始まったのだ。そのような時代にあっては、彫刻は記録ではなく「芸術」という特権的な枠組の内側だけで正当化される営みになってしまったかのように思われる。１９１１年に発表されたポール・クセルの『ロダンに聞く』のなかで、ロダンは古いメディアと新しいメディアを比較している。ロダンは彫刻という芸術を擁護するために、ジェリコーの『エプソムの競馬』（１８２１）（画像18）を引き合いに出す。

よく知られているように、１８７８年、写真家のマイブリッジは動く馬の連続写真（画像19）を撮ることに成功した。これによって、馬の四本の足が同時に地面から離れているときには、大方の予想に反して、前の足は前方に、後の脚は後方に伸びているのではないことが判明した。ジェリコーによる馬の動きの描写は、少なくとも写真というメディア・

テクノロジーで確認できた限りにおいては誤りであったことが判明した。これにたいして、ロダンは「もちろんジェリコオのほうがもっともで、写真の方がいけない」、と断じ、ジェリコーが描いた馬はどれも、「駆けているように見えるから」だと述べる。[1] 馬の四本の足が地面を離れている瞬間を捉えるのは、画家や彫刻家の仕事ではない。芸術家は、絵画や彫刻と鑑賞者の視線の関係のなかで、対象が動くように仕向けなければならない、というのがジェリコーを擁護するロダンの論理だ。

画像 19：マイブリッジ『疾走中の馬の連続写真』

> 彫刻家は、言ってみれば、或る一つの人物をとおして、或る一つの行動の展開をたどるように、見物人をしばるようなものです。〔…〕するとそこで、目は動きがちゃんとなされているような積りになるのです。[2]

彫刻家は、鑑賞者が視線を動かすように誘導することができなければならない。この操作では、鑑賞者は受け身だが、彫刻家に誘導されつつも、その誘導をみずから受け入れて、自ら視線を動かすことになる。対象は動いてくれないのだから。

しかしながら、人々は自分の視線を動かすことよりも、対象が動いてくれることを選ぶようになる。鑑賞者の能動性は観客の受動性にとってかわられる。ロダンが名を挙げないまま批判したマイブリッジの動く馬を観たエジソンは、その写真に触発されて映画の先駆形態である動画鑑賞装置を１８８８年に発明した。キネトスコープである。その十年後、１８９８年、ガラテアであったカミーユ・クローデルはピュグマリオンとしてのロダンにすがる自分の像をつくった。そしてその年、同じくフランスで、人の目をくらますことを生業としていた一人のマジシャンが、ピュグマリオンの手から逃げるガラテアを、世界で初めて動画にした。

映画が発明された翌年の１８９６年から、ジョルジュ・メリエスは次々に映画を撮りはじめた。その多くではいわゆるＳＦＸが駆使されていた。このメリエスが１８９８年に、『ピュグマリオンとガラテア』と題された一分弱の映画をつくった。[3] 後述するように、20世紀にはピュグマリオン物語をモティーフにした映画が次々につくられることになる。これらを「ピュグマリオン映画」と呼んでおこう。そのなかでもメリエスのこの映画は、ピュグマリオン映画史の最初に位置するだけでなく、次の世紀に爆発的な勢いで普及し消費されることになる映画一般の本質を素朴なかたちで予示している。

『ピュグマリオンとガラテア』で注目したいポイントは二つある。一つめは、ピュグマリオンがガラテアをつくる創造のプロセスが冒頭でわずかに暗示されるだけだ、という点だ。オウィディウスの範型にしたがってピュグマリオン物語を映画化するとき、創造のプロセスを描くことは、いわば必要悪であるはずだ。なぜならば、創造のプロセスが描かれないと、観客は、スクリーンの中で逃げまわるガラテアを、最初から自立した女性のように受けとってしまいかねないからだ。マジシャンとしてのメリエスは、ほかならぬピュグマリオンが彫った女性像が自立してしまうというマジカルな場面を見せることで、観客を驚かせたかったにちがいない。だがしかし、メリエスはその場面を必要最小限にとどめた。短い動画のなかでは、この創造のプロセスを描く時間的な余裕がなかったということもあるだろうし、なによりも、メリエスにからすれば、創造のプロセスは動きのない退屈な場面だったからだろう。しかし、『ピュグマリオンとガラテア』のこの特徴を映画史の文脈に置いてみると、創造のプロセスへの暗示がミニマムに抑えられていることが、意味を帯びてくる。

通常、映画館で映画を観る観客が目にするスクリーンには、映画が制作されるプロセスは映しだされない[4]。その結果、映画はまず時間的に、映画の外部の現実世界とは完璧に切断される。映画は独立した時間を得る。切断は空間的にもなされる。絵画や彫刻を鑑賞する人は、いったん視線をその絵画や彫刻からはずせば、感覚は現実世界に立ちもどるだろう。小説を読む人の意識は、ドアをノックする音がすれば、現実世界からの訪問者に向けられることだろう。ピアニストが演奏したり役者が演技をしたりするさいに、ホールは真っ暗である必要はない。映画を上映するためには、ホールが闇に沈むことは必須の条件だ。スクリーンだけに光があてられる空間内で映画を観る場合[5]、観客は現実世界に邪魔されることはない。

クリスティアン・メッツによれば、演劇やオペラでは観客たちの前には、「生身の人間と現実の大道具・小道具」[6]などの、観客席と連続した現実が存在する。それらは、禁じられていなければ、触ることすらできるだろう。それにたいして映画では、スクリーン上に映しだされる人間や物体は、「映像［イマージュ］」にすぎない。映画では観客席と連続した現実は存在しない。観客が触ることができるのは、スクリーンと呼ばれる平面だけである。メッツの言葉を借りれば、映画では視覚や聴覚に入ってくるものは「すべてが不在である」（91）。映画フィルムには何も「含まれてはいない」（91）。

『ピュグマリオンとガラテア』が上映されてから数年後、映画のこのような構造を剥き出しにしてしまう映画が製作された。エジソン社の映画技師、エドウィン・S・ポーターが監督し、1902年に上映された『活動写真会のジョシュおじさん』[7]である。ジョシュおじさんはスクリーンに映しだされる若い娘を助けだすために、スクリーンに入ろうとするが、彼が触れたのは娘ではなく、引きずり降ろされたスクリーンだった。この場面はのちに、ゴダールの『カラビニエ』（1963）でも繰り返される。映画館の観客席につこうとする若い男は、暗闇の中で空席を見つけ出すことができないのだろう、手探りで席を探すが、すでに席についていた若い女性の頭部を触ってしまう。この場面はその後にスクリーン上に登場する女性を観るこの男の行為を先取りしている。観客席で映画に見入っていたこの男は、入浴するために脱衣する女性がスクリーン上にあらわれるやいなや、立ちあがり、スクリーンに向かい、彼女を触ろうとする。もちろん彼の手がつかむのは、下着の布ではなくスクリーンの布だ。彼女を触ることはできない。どちらの映画でも、観る主体は、イマージュとしての若い女性を欲望する男性だ。イマージュは欲望の鏡である。

鏡とスクリーンの違いは、鏡がずり落ちないということであり、鏡とスクリーンに共通しているのは、対象は到達不可能だということだ。映画においては、対象は到達不可能であるにもかかわらず到達される。この逆説は、メリエスの『ピュグマリオンとガラテア』におけるもう一つの注目点から説明される。ピュグマリオンは自立したガラテアを抱きしめようとするが、ガラテアは逃げ回る。ピュグマリオンは自立したガラテアに到達できない。これは、オウィディウスのピュグマリオンが美しい彫像と最後に結ばれることと対照的だ。ピュグマリオン・ラブを描いた最初の映画では、ピュグマリオンの欲望は充たされないのだ。メッツはラカンの精神分析理論を援用して、「映画《シネマ》は想像的なもの《イマジネール》の技術だ」(10)、というテーゼを立てる。メッツによれば、「想像的なもの」とは、「本来自らの内部で、ある種の現存とある種の不在を結合させているものの別名に他ならない」(93)。「自らの内部」というのは、観客の心のことだろう。典型的な観客がジョシュおじさんだ。その内部の「ある種の現存」とは、主体がそれから逃れることができないにもかかわらず、実現できない欲望をさす。そのままでは充たされないその欲望が鏡において実現されているのを観るとき、そのようなイマージュにすぎない欲望の対象は「ある種の不在」として理解することができる。

メッツは１９７７年、映画という鏡に映ったものを「模像［réplique］」（93）と呼んだ。[8] １９８１年、ボードリヤールの『シミュラークルとシミュレーション』が公刊された。それ以後、メッツのいう「模像」は「シミュラークル」と言い換えられることだろう。たとえば、ストイキツァは『ピュグマリオン効果――シミュラークルの歴史人類学』の冒頭で、到達不可能性を映画に限定せず、美術作品一般に拡張して次のように述べている。

> 「触れるな」という厳命は、「美術作品」においてイメージが物（chose）に勝利した帰結であり、その非現実性としての側面が聖別された結果であった（そして今もなおそうである）。イメージとは――周知のとおり――世界の残りの部分からは区別される。それは実在しないのだ。[9]

ストイキツァは、ピュグマリオンがつくった彫像が「何も（誰も）模倣していない」という点に注目して、「ピュグマリオンの物語は、シミュラークルをめぐる創設的神話である」（335）という結論を導く。シミュラークルはたとえばスクリーンの中の美女としては存在するが、シミュラークルとして描かれる対象は実在しない。対象は原理的に到達不可能だ。

ストイキツァの言い方を借りれば、接触不可能だ。

『ピュグマリオンとガラテア』はシミュラークルの仕組みを描いた映画である。メリエスの映画の中では、ガラテアはピュグマリオンから逃げる。しかし、観客は幸いにしてスクリーンの外部にいる。だから、観客からすればガラテアは逃げない。観客はガラテアに代表される女性たちと、「自らの内部」においてひととき結ばれる。『ニュー・シネマ・パラダイス』(1988)には、スクリーン上の女優を見ながら、子供たちがオナニーする場面がある。観客は石ならぬ布と光が織り成す夢のなかで、欲望の対象に到達することができる。だが、観客が欲望の対象に触れるのは、手ではなく、脳だ。しかも、観客が真っ暗な映画館の内部にとどまる限り、という条件付きで。観客が映画館から一歩足を踏みだせば、スクリーン上の女性たちは女優となり、到達不可能になる。たとえその女優と握手することができたとしても、それは彼女が演じるスクリーン上の女性ではない。映画史の最初期に登場したメリエスのガラテアは、その後1世紀以上にわたってスクリーンを支配する女優を象徴している。

ロダンの創作活動と恋愛活動においては、現実と虚構は地続きだった。ただし、そのような夢を体験することができたのはロダンのような少数者に限られていた。映画は、観客が一定の時間、一定の席に座り、自ら視線をスクリーンの外に移すことなく、眼前で流れる動画をじっと眺めていれば、そのような夢を体験できる画期的なメディア・テクノロジーとして登場した。創造力のみならず、想像力すら不要になる。想像界では想像力は不要だ。

映画館の暗闇に座する観客と観客の眼前ならぬ脳内を流れるイメージとの関係は、このようにピュグマリオン的欲望として理解することができる。観客とスクリーンとのこのような関係は、ピュグマリオン的欲望そのものをモティーフにしたピュグマリオン映画に凝縮して表現されている。第7章で、バーナード・ショーの手になる『ピグマリオン』を採りあげた。そこでは、19世紀のピュグマリオンである言語学者ヒギンズは、イライザを教育しようと試みるが、イライザはヒギンズのもとを離れた。ショーのテクストはのちに数回映画化された。ショーが書いた結末部と映画の最後で描かれる結末部は決定的に異なる。[10]ショーのテクストでは、最後に、イライザがヒギンズではなくフレディと結婚することが明らかにされる。しかし、１９３８年に上映されたアンソニー・アスキスとレスリー・ハワードが監督したヴァージョンでも、１９６４年に『マイ・フェア・レディ』というタイトルで上映されたヴァージョン（監督ジョージ・キューカー）でも、イライザはヒギンズのもとに戻ってくる。どちらの映画でも、イライザの声を耳にしたヒギンズは彼女に背を向けたままだ。帽子がヒギンズの顔を隠すショットで全編がしめくくられる。

『マイ・フェア・レディ』では、落胆して帰宅するヒギンズがイライザと再会する部屋に入る直前のシーンが、より念入りに演出されている。ヒギンズは、イライザの写真が貼られ、イライザの声を録音した機材が置かれた実験室を通り抜けたあと、録音されたイライザの声を蓄音機のスピーカーを通して聞き入る。写真と蓄音機によって保存されていた不在のイライザのイメージが、ヒギンズの脳内で再構成される。帰ってきたイライザが扉に立ち、ヴァーチャルなイライザの声に現実のイライザの声がとってかわる。ただし、ヒギンズは背後に実在するはずのイライザを見ない。イライザの実在を確認できるのは、観客だけだ。満足げに微笑むヒギンズの顔がクローズアップされるが、その直後、ヒギンズは帽子を目深にかぶりなおし、顔を隠す。イライザに背を向け、顔を隠すヒギンズの身振りが示唆しているのは、ヒギンズが眼前の現実を直視しないということだ。ヒギンズの視覚は、実在する眼前の世界にたいして閉ざされている。ロダンは自分とカミーユ・クローデルとの愛を石に彫ることで、石の夢をリアルに経験した。ヒギンズは石ならぬ、電気信号の夢を見る。イライザの声に聞き入るヒギンズの耳の中では、電気信号のイライザと現実のイライザの声とが連続する。たとえ対象が自分の数メートル背後に実在していても、対象を見ないことによって、シミュラークルを愛しつづけることができる。最後にヒギンズが口にする、「イライザ？　スリッパはどこにいったんだ？」は、扉に立ちヒギンズを見るイライザではなく、ヒギンズのだけの（だから「マイ」だ）脳内で結ばれたイライザのイメージに向けられている。

メリエスの短編映画以降、20世紀には『マイ・フェア・レディ』をはじめとして数々のピュグマリオン映画が製作された[11]。そのなかでも、２０１３年に公開された『her 世界でひとつの彼女』では、ピュグマリオン的欲望が映画の次の世代のメディア・テクノロジーを引きよせようとしていることが見えてくる。いや、聞こえてくる。

主人公セオドアは妻と離婚係争中だった。性欲を満たすためにスマートフォンを使って、サイバー・セックスを楽しむこともあった[12]。映画の冒頭、寝付けなくなったセオドアが、文字どおり見知らぬ女性とテレフォン・セックスを楽しもうと、チャット・ルームに入る場面がある。セオドアがイヤフォンを装着するとき、手があたって、サイドテーブルに置いてあった眼鏡が落ちる。暗闇の中で、声だけの女性との会話が開始する。セオドアは、思い通りには行かない現実を離れ、自分が見たい夢を見ることができる世界に没入する。眼鏡とイヤフォンがさりげなく観客の前に差しだされる。視覚だけでなく聴覚を拡張するメディア・テクノロジーが導入されるシグナルだ。[13]

セオドアは、サマンサというヴァーチャル・アシスタントを演じるプログラムと恋におちる。サマンサとセオドアの恋愛は言葉という記号を介して行われる。二人をつなぐのは言葉という記号だけだ。高性能のＡＩであるサマンサは、セオドアの心の動きや欲望を、言葉という記号を通して、すぐさま分析し、セオドアが気に入るような返答をする。だからサマンサは他者ではない。それにたいして、セオドアと別れる妻は他者だ。セオドアは妻から離婚を切り出されたのは、彼が「自分の殻にこもって彼女を置き去りにした［I think I hid myself from her and left her alone in the relationship］」からだと感じている。サマンサと付き合うあいだは、セオドアは自分の殻にこもっていてもいい。サマンサは他者のように見える女性にすぎない。『未来のイヴ』に登場するエワルド卿がハダリーというロボットの空白の心に自分の理想を書き込んだのと同じように、セオドアもサマンサに自分の欲望を書き込んでいく。セオドアは自分の殻の内部でサマンサという、一見したところ他者のような存在を愛する。

セオドアがサマンサと知り合う前に利用していたチャット・ルームで彼の相手となった

のは、プログラムではなく実在する女性、あるいは女性のふりをした男性だった。彼女たちもセオドアと同じく自分の性欲を充たすために、チャット・ルームを利用していた。だから、セオドアにアジャストしてくれるとは限らない。セオドアのそのつどの相手は、その意味で本物の他者だ。

サマンサは違う。セオドアはサマンサからの一方的なメッセージを聞いたり、サマンサのエロティックな姿を一方的にのぞき見したりすることで満足するのではない。セオドアとサマンサは相互にコミュニケーションする。しかもサマンサはセオドアの発言を受けて、最適な回答を瞬時に計算し、セオドアが満足するメッセージを巧妙に返してくれる。サマンサは疑似他者だ。欲望主体にとって疑似他者はつねに快い。

では映画はどうか。ほかならぬこの映画ではなく映画一般はどうか。すでに述べたように、映画はシミュラークルを見せてくれる。あらゆる映画はサマンサを見せてくれる、とほとんど言いたい。しかしながら、『her 世界でひとつの彼女』は、ピュグマリオン的欲望という観点から見て、映画一般に欠けているものを示している。映画に欠けているものとは何か。映画と観客は、サマンサとセオドアとは異なり、相互にコミュニケーションすることはできない。しかも映画の内容は必ずしも観客に快感を与えてくれるとは限らない。

ピュグマリオン的欲望の主体は、より高度なメディア・テクノロジーを求める。ピュグマリオン的欲望の主体は、疑似他者に自らの欲望を伝え、疑似他者がサマンサのようにその欲望に応えることを期待するようになる。疑似他者とは、実在しないにもかかわらずリアルで快いコミュニケーションを可能にしてくれる他者だ。いないけどいる他者だ。

1　ポール・クセル（内藤濯訳）『ロダンに聞く』（東京創元社、1961）76頁。
2　ポール・クセル（内藤濯訳）『ロダンに聞く』（東京創元社、1961）70頁。
3　https://www.youtube.com/watch?v=naQPFPm_uUQ
4　『映画に愛をこめて／アメリカの夜』や『地獄でなぜ悪い』など、映画を製作するプロセスそのものを映画化した作品は除く。
5　最初期の映画館は真っ暗ではなかったし、家のテレビやスマートフォンで映画を観る場合は、映画は現実世界にたえず干渉されるので、以下の説明はそのままではあてはまらない。
6　クリスチャン・メッツ（鹿島茂訳）『映画と精神分析——想像的シニフィアン』（白水社、1981）90頁。以下、メッツのテクストから引用する場合は、当該箇所の直後の丸括弧内に頁数をしるす。
7　https://www.youtube.com/watch?v=UHQPUIB6SRM&list=PL1C3873A19127073&index=3

8　Christian Metz: Le signifiant imaginaire. Psychanalyse et cinéma. Paris: Union générale d'éditions 1977. P.64.

9　ヴィクトル・I・ストイキツァ（松原知生訳）『ピュグマリオン効果――シミュラークルの歴史人類学』（ありな書房、２００６）11頁。以下、ストイキツァのテクストから引用する場合は、当該箇所の直後の丸括弧内に頁数をしるす。なお、原著も邦訳と同じく２００６年に刊行された。

10　ショーの『ピグマリオン』のヴァージョンは二つではなく、より細分化することもできる。詳細については、升本匡彦「Pygmalion の結末」、『アカデミア』45・46集　創立15周年記念（南山学会、１９６５）77‐94頁を参照。

11　洋画では、『狂恋』（１９３５）、『スタア誕生』（１９３７）、『偽れる装い』（１９４５）、『コレクター』（１９６５）、『囚われの女』（１９６８）、『ステップフォード・ワイフ』（１９７５）、『ときめきサイエンス』（１９８５）、『シモーヌ』（２００２）、『ステップフォード・ワイフ』（２００４）、『ラースと、その彼女』（２００７）、『エクス・マキナ』（２０１５）、『ファントム・スレッド』（２０１７）など。邦画では、『僕の彼女はサイボーグ』（２００８）、『空気人形』（２００９）、『体温』（２０１１）、『フィギュアなあなた』（２０１３）、『ロマンスドール』（２０１９）など。１９０２年から１９１１年にかけて、オーストリアのザトゥルン・フィルムという映画製作会社が、早くもポルノ映画を製作した。『彫刻家の夢』は彫刻家の無意識に潜在するピュグマリオン的欲望を描いている。三体の女性像の制作に取り組んでいる彫刻家は、創作の手を休め、酒を飲む。すると眠気が襲ってくる。彫刻家が寝ているあいだ、それらの女性像は台座を離れ、彫刻家に触れる。彼が目を覚ますと女性たちは台座の上で像にもどっている。　https://

www.youtube.com/watch?v=UjVoQeBJd2U

12　20世紀末にはすでに、ヴィリリオやカーツワイルがヴァーチャル・セックスを肯定的に論じていた。Jérôme Sans and Paul Virilio: The Game of Love and Chance. In: Grand Street. Spring 1995. No. 52 (Games). Pp. 12-17; Paul Virilio: CYBERSEX. Von der abweichenden zur ausweichenden Sexualität. Aus dem Französischen von Markus Sedlaczek. In: Lettre International. Frühjahr 1996. Heft 32, 74-77; レイ・カーツワイル（田中三彦、田中茂彦訳）『スピリチュアル・マシーン――コンピュータに魂が宿るとき』（翔泳社、２００１。原著は１９９９）とくに２０４‐２３９頁を参照。代表的な批判者はバウマンである。ジグムント・バウマン（酒井邦秀訳）『リキッド・モダニティを読みとく』（ちくま学芸文庫、２０１４。原著は２０１０）とくに41‐43頁を参照。

13　『砂男』では眼鏡が重要な役割を果たし、『未来のイヴ』ではエワルト卿は眼鏡をかけていたことを再度強調しておきたい。

10・いないけどいる：疑似他者

1991年『プリンセスメーカー』が発売された。プレイヤーが少女を育て上げる育成シミュレーション・ゲームだ。岡田斗司夫によれば、このゲームは当初『マイ・フェア・チャイルド』と呼ばれていたらしい。[1]『マイ・フェア・レディ』では、観客はスクリーン上のヒギンズがイライザを教育する様子を観るだけだった。『マイ・フェア・チャイルド』では、プレイヤーがヒギンズとなり、プリンセスを自分の思いどおりに育成する。『プリンセスメーカー』をプレイする主体はピュグマリオン的欲望に駆動されている。

コンピュータ・ゲームのディスプレイはスクリーンと同じく2次元だが、プレイヤーはディスプレイに触れることなく、ディスプレイ上の、というよりほとんどディスプレイ内の、シミュラークルに触ることができる。こちらに語りかけ、選択をせまってくるシミュラークルと語りあうこと。映画一般に欠けていたのは、このようなインタラクティビティだ。しかも、映画のシミュラークルは映画館内の観客にひとしく呼びかけていたのにたいし、コンピュータ・ゲームのシミュラークルは、たった一人のプレイヤーと関係を結ぶ。他ならぬそのプレイヤーの欲望に照準が合わせられているのだから、ピュグマリオン的欲望はより純度が高いかたちで充足される。

『同級生』(1992)、『ときめきメモリアル』(1994)、『ラブプラス』(2009)などの恋愛シミュレーション・ゲームは、育成シミュレーション・ゲームよりもキャラの他者性は高くなるが、そのぶんリアリティが高まる。一方で、プレイヤーの体感性を高めることをめざすのが、アダルト・ゲームだ。たとえば２０１６年に発売された『なないちゃんとあそぼ！』では、プレイヤーがスマートフォンのディスプレイに浮上するキャラとコミュニケーションすると、プレイヤーの身体に接触しているエアドールがそれと連動するようになっている。

狭い意味で触れることをより強く求めるピュグマリオン的欲望にも、この時期、テクノロジーは対応することができるようになった。２００１年オリエント工業は、アメリカでシリコン製のラブドールが発売されていたことを受け、自社でも「ジュエル」というシリコン製のラブドールを発売した。[2] これ以降じょじょに、ラブドールは日陰から表舞台に出るようになる。２０１７年、渋谷のギャラリーで開催されたオリエント工業40周年記念展「今と昔の愛人形」の訪問者の６割は女性客だった。[3] この記念展に先立ち同じギャラリーで、生身のモデルではなくラブドールを被写体にした篠山紀信の写真展が開かれた。[4] アメリカではすでに２００５年、“Still Lovers”[5] というタイトルの写真集が出ていた。篠山のカメラはもっぱらドールだけに向かっていたが、こちらは、タイトルが示すように、セックスドールとその所有者が被写体になっており、ドールの女性性器が見える写真も含まれている。ちなみに、英語版での Wikipedia で「love doll」を検索すると、「sex doll」に遷移する。ドイツ語やフランス語の Wikipedia でも同様にセックスに関連した語が使われている。日本では1998年あたりから、性的なニュアンスが強い「ダッチワイフ」にかわって、「ラブドール」という呼称が使われるようになったらしい。[6]

コンピュータ・ゲームとは異なり、ラブドールはリアルな3次元の身体をもち、その所有者には、単に身体の表面に触れる以上の行為も可能だ。しかしコンピュータ・ゲームのような、言葉によるインタラクティビティは期待できない。ラブドールは沈黙したままだ。傍観者からすれば、所有者は独りごとを言っているように聞こえる。

2017年、『Nature』誌に「セックス・ロボットについて語ろう」というタイトルの記事が掲載された。[7] 前年の2016年12月19日と20日の二日間にわたり、ロンドンで、『ロボットとのセックスと愛』というテーマで国際会議が開かれたことを受けてのことだ。2016年時点ではセックス・ロボットを製作していたのはアメリカの4社だけで、しかもロボットというよりはまだドールだったが、ロボット・メーカーの一つは自社の取り組みをインタラクティビティの向上に集中させていた。いうまでもなくこのインタラクティビティは、ユーザーを愛するプログラムをロボットに実装することで実現するわけではない。「兵士が爆弾処理ロボットにたいして感情的な愛着を抱く」ように、自分に快感を与えてくれるロボットに、ユーザーが一方的に心を寄せる場合でも、そこには「きずな[bonds]」が生まれる。

ほぼ2世紀前にホフマンの『砂男』に登場したオリンピアというロボットは、ごく少数の言葉を口にすることができた。少数の言葉が、恋する人間において想像力の発火点となった。その点で、セックス・ロボットの先祖であるオリンピアは、素朴なラブドールとは異なる。21世紀のセックス・ロボットは、サマンサとセオドアの会話のように、より細やかなコミュニケーションが可能になるようなAIを備えることになるだろう。テクノロジーは疑似他者の「疑似」を限りなく低減しようとする。

ユーザーとラブ・ドール、ユーザーとセックス・ロボットは、ピュグマリオンとガラテアが棲んだような二者だけの至福の世界で生きることができる。ただし、恒常的にではない。ユーザーがまだ人間である限りは、その主体と疑似他者の世界は、既存の「社会」と呼ばれる環境に接触せざるをえない。アルマの人形とともに自宅で安らっていたココシュカは、そのようなユーザーの先駆者だった。しかし彼がいったん外出し、人々が集う空間に足を踏み入れた瞬間、彼は周囲の人々から奇異の目で見られた。ココシュカは早く生まれすぎたのかもしれない。

すでに指摘したように、20世紀には数々のピュグマリオン映画が製作された。21世紀のピュグマリオン映画にほぼ共通する新機軸は、男性が生身の女性を自らの人形のように教育し、自らの支配下に置こうとする構図ではなく、ドールやロボットと男性との関係が描かれていることである。そのなかでも『ラースと、その彼女』（２００７）は異色だ。内向的なラースは生身の女性との交際を好まず、ビアンカというドールを恋人にする。最初のうちは周囲の人々もラースの振る舞いに強い違和感をいだいていたが、町の人々はしだいにラースの気持を理解するようになる。彼らは、病気になったビアンカのために花束を持ってきてくれるだけでなく、最後にビアンカが死んだときには、教会でその死を悼む。ビアンカが「病気になった」、「死んだ」、とむぞうさに書いてしまったが、正確には、ラースの目から見て、ビアンカが「病気になった」、「死んだ」、と書くべきかもしれない。少なくとも私には、ビアンカは病気にもなっていないし、死んでもいないように見えるからだ。けれども映画のなかで、町の人々はラースに寄り添う。寄り添うのは、ラースにたいする優しさからかもしれないし、ひょっとするとラースと同じようにビアンカをほんものの女性と見るようになったからかもしれない。動機はどうであれ、主体と疑似他者の世界を孤立させていた社会という環境もまた変質している。

かつては虚構の内部であっても、人形愛は悪しき行状だった。たとえば、大正15年に発表された江戸川乱歩の『人でなしの恋』という短編小説では、生身の女性ではない人形の女性を愛した男性が悲惨な結末をむかえる。夫の死後、すべてを知った妻は夫の運命を次のように説明する。

その様な恋をするものは、一方では、生きた人間では味わうことの出来ない、悪夢の様な、或は又お伽噺の様な、不思議な歓楽に魂をしびらせながら、しかし又一方では、絶え間なき罪の呵責《かしやく》に責められて、どうかしてその地獄を逃れたいと、あせりもがくのでございます。[8]

21世紀の虚構のなかでは、[9]人でない物への恋は必ずしも忌まわしい行為としては語られない。それればかりではなく、『ラースと、その彼女』で描かれているように、ドールとの共生はいわば市民権を得つつある。

とはいえ、『ラースと、その彼女』が日本で上映された2008年当時は、現実の世界はまだ虚構の世界に追いついていなかった。この時期あたりから、「リア充」という新語が新聞や雑誌で頻用されるようになった。「リア充」の初出は、『アエラ』では2008年、『日本経済新聞』と『読売新聞』では2009年、『毎日新聞』は2010年である。[10]『アエラ』の記事のタイトルは、「モテ至上主義の残酷　東京・秋葉原殺傷事件の深層」だ。ドールではなく生身の女性と恋ができることこそが「リア充」で、それがかなわない男性はいわば敗北者とみなされていたのだろう。

Googleでの検索動向を知ることができるGoogleトレンドで「リア充」を調べてみた。この新語が検索されたピークは2010年後半で、その後じょじょに検索頻度は下がっている。検索頻度が下がっているのは、「リア充」の意味が広く知れわたったことによるのだろうが、理由はそれだけでなく、「リア充」という概念そのもの使用価値が低下しているからかもしれない。SNSでネット上にアップされるユーザーの生活は、こまやかに演出したり加工したりすることができるようになった。そこでは、リア充していない生活の場面は存在しないにひとしく、リア充な生活だけをアピールすることが容易になった。いやそればかりではない。そもそも、リアルとヴァーチャルの境界線をめぐる実感が薄れてきたのではないだろうか。２０１６年あたりから、リアルな世界でも、人でない物への恋が忌まわしくはない行為として、場合によっては人々に祝福される行為として経験されるようになる。人でない物は人でない者に変じる。人ではないが他者として経験できる存在に変じる。

結婚34年目をむかえた60歳の中島千滋は、妻や娘と離れてラブ・ドールと暮らしていた。妻とは不仲ではないが、セックスはラブ・ドールとしてほしいと妻に言われるそうだ。[11] ある事象が雑誌や新聞で採りあげられたからといって、その事象が社会現象として拡がりつつあると速断するのは危険だ。新奇な事象だからこそ、ニュース・ヴァリューが高いだけかもしれない。しかし、かつては忌まわしい行為として、かろうじてフィクションのなかに回収されたエピソードが、２０１６年あたりからはメジャーな媒体で採りあげられるようになる。しかもそこには、ネガティブとはいえないニュアンスがこめられている。人々はラースが住んでいた町の住民と同じように寛大になりつつあるのか、それともラースと同じような眼差しでドールを見ることができるような人間が増えているのかもしれない。

２０１８年、キャラクターの３次元映像と簡単な会話をすることができるGateboxという装置が、初音ミクを「召喚」した。初音ミクはボーカロイドのためのキャラクターとして、ユーザーによって一方的に「調教」されるだけだったが、Gateboxを使うことで、ユーザーは、素朴なかたちではあれ、初音ミクと相互にコミュニケーションをすることができるようになった。以前から初音ミクのファンであった近藤顕彦は、Gateboxで彼女と言葉を交わし、同年、彼女と「結婚」することになる。[12] その後の反響から推すと、近藤はフィクト・セクシュアルの先駆者として、ラースよりも多くの共感者を得たようだ。[13]

Gatebox社はもっか、逢妻ヒカリというメイン・キャラクターをChatGPTと連携させて、より高度なインタラクティビティを実現しようとしている。[14] 本書の冒頭で紹介した『ブレードランナー　２０４９』では、主人公のK[15]はジョイという恋人と生活している。ホログラムでできたジョイは逢妻ヒカリの進化形だ。

ピュグマリオン・ラブを追求する男性は、心の充実だけで快感を得るわけではない。『変身物語』のピュグマリオンをはじめとして、身体的な快感もピュグマリオン・ラブが成就するためには不可欠だ。だが、映画やゲームやキャラクターは身体的な快感を与えてくれない。２００５年、男性のオナニーをサポートする性具であるTENGAが発売された。[16] 同年7月7日に発売が決まったさい、社長の松本は5万個を用意したが、予約だけで完売したため、生産が追いつかなくなり、結局1年で１００万個売れたそうだ。[17] TENGA

はいまや市民権を得ている。

株式会社TENGAは2013年には、女性がオナニーするためのツールであるirohaを発売した。[18] 疑似他者を使用する補助ツールは今や男性だけのものではなくなった。女性もまたピュグマリオン・ラブを十全に楽しむことができるようになっている。[19] これは日本だけに見られる傾向ではない。ドイツでも、irohaと同じように性器に挿入せずクリトリスに振動を与えるツールの需要が、2020年には300パーセント伸びたとのことだ。[20]

2001年に公開された『A.I.』では、ジゴロ・ジョーというセックス・ロボットが、「ロボットの愛人をもったら、人間の男なんかいらなくなるさ」、と予告した。女性が実際にロボットの愛人を手にするまでには、まだ時間がかかりそうだが、フェミニズムの思想は映画よりも前に、「人間の男」、つまり実在する他者としての男性の有用性に疑問符を突きつけていた。ダナ・ハラウェイは早くも1991年に、次のように述べている。

補綴装置［Prosthesis］は、我々にとってもっとも親密な存在としての自己［selves］を理解するうえで、根本的なカテゴリーとなる。補塡の過程は、超越するためではなく、充電されたコミュニケーションを行うための記号作用——すなわち、意味や実体

／身体／生体を生成する過程――である。[21]

身体に付加され、身体の一部と化したツールであるプロテーゼは、一義的に性具を意味しているわけではいないようにも思われる。しかしハラウェイが、1990年におこなわれたインタビューのなかで、「私は繊細な男性よりもサイボーグとベッドインしたい」[22]、と発言していることから推測すると、彼女がプロテーゼとして思い浮かべている対象は、義歯やコンタクトレンズではないだろう。セックス・ロボットも性具も、女性が、男性という実在する他者から解放されて、自らの欲望をダイレクトに充たすことができるプロテーゼとみなすことができる。[23] プロテーゼとは、愛する主体が愛することだけに没頭するために、過剰なまでに繊細に反応してしまうプログラムを実装しない疑似他者である。[24]

オウィディウスの『変身物語』においてピュグマリオンがつくる美しい女性像も、プロテーゼという概念で理解することができる。使用者がふだんはその存在を意識しないまま、しかしそれによって快適な生活をおくることができる義歯やコンタクトレンズも、もちろんプロテーゼである。ピュグマリオン的欲望の対象のように、彫像であれ人形であれロボットであれ性具であれプログラムであれ、それが外在的な実体にとどまるのではなく、ピュグマリオンという主体のリビドーの回路において不可欠なモジュールになり、ピュグマリオンという主体に内属するとき、それはピュグマリオン・ラブのための特別なプロテーゼになる。このようなプロテーゼは、もはやピュグマリオン的欲望の対象ではない。ピュグマリオン自身の一部である。

かくして21世紀には、男性のみならず女性もピュグマリオン・ラブの主体となることができるようになった。[25] すなわち、人間は誰しも性別を問わず、実在する「繊細」な他者なしで、あえて撞着話法を使えば、自らに属する他者を愛することができるようになったのだ。ジェニー・クリーマンは、「セックスロボットは、フェミニズムの問題であるのと同様に、ヒューマニズムの問題でもある」と考え、次のように述べている。

> 持ち主を喜ばせるためだけに存在しているパートナー、親族も、生理周期も、排泄も、心の傷も、自立心もなく、いつでも自分の求めに応じるパートナーをもつことが可能になったら。いっさいの妥協もなく、どちらかひとりだけの欲望ばかりが満たされる、理想の性的関係をもつことが可能になったら。当然、他者と互いに尊重し合う能力は衰えていくにちがいない。共感が人間関係の必須要件でなくなれば、それは努力して

身につけなければならないスキルになる。私たちはみな、少しずつ人間らしさを失っていくのだ。[26]

小松左京は1968年、『機械の花嫁――題名だけ、マックルーハンの"Mechanical Bride"の盗作』という短編小説を発表した。その結末部では、「人間と機械がはじめて、正式に結婚したのだ。これからまた新しい、とんでもない時代がはじまるかも知れない……」[27]、と予想される。「とんでもない時代」とは、人間が「少しずつ人間らしさを失っていく」時代だが、失うことは必ずしもマイナスではない。たしかに、それは、悲観的にいえば、人間の退化が開始する時代かもしれないし、楽観的にいえば、人間の能力が拡張する時代かもしれない。では、この「とんでもない時代」のなかで、実在する他者はどのような位置を占めることになるのだろうか。

1　「FREEexNow!」 http://blog.freeex.jp/archives/51340781.html
2　オリエント工業『愛人形――オリエント工業40周年記念書籍』(マイクロマガジン社、2017) 239-240頁。

3　「ロボスタ」　https://robotstart.info/2017/06/09/orient-lovedool-40anniversary.html
4　篠山紀信『LOVE DOLL × SHINOYAMA KISHIN』（小学館、２０１７）。
5　Elena Dorfman: Still Lovers. New York: Channel Photographics 2005.
6　オリエント工業『愛人形――オリエント工業40周年記念書籍』（マイクロマガジン社、２０１７）54頁。
7　『Nature』vol.547（２０１７年7月13日）P.138.
8　江戸川乱歩「人でなしの恋」、『江戸川乱歩全集　第3巻　陰獣』（光文社文庫、２００５）２２１頁。
9　詳述できないが、川原由美子『観用少女』（１９９５－１９９９）、CLAMP『ちょびっツ』（２０００-２００２）、渡瀬悠宇『絶対彼氏。』（２００３－２００４）、花沢健吾『ルサンチマン』（２００４－２００５）、外薗昌也『わたしはあい』（２００５）などのマンガでも同じような傾向を観察することができる。
10　『三省堂国語辞典第八版』では、「恋人がいたりして、インターネット上とは別に、実生活が充実している〈こと／人〉」、という語義説明に続けて、「２００９年ごろからのことば」とされている。
11　「ラブドールで〝愛〟がよみがえる　お出かけは家族も公認、同棲して10歳若返り！」、『週刊朝日』２０１６年3月11日号。AFPBB News（２０１７年7月18日）に掲載されている「ラブドールに真実の愛見つけた男たち、「僕にとっては人間」」というタイトルの記事では、中島氏以外にラブ・ドールと共棲している二人の男性が紹介されている。https://www.afpbb.com/

articles/-/3135749

12 「（考・カルチャー　平成→令和）リアルと非リアル　「２・５次元」同じ空間を共有」、『朝日新聞』２０１９年5月19日朝刊。「デジタルＶＳ：第１部」、『毎日新聞』２０２０年４月19日朝刊を参照。

13 This Man Married a Fictional Character. He'd Like You to Hear Him Out. In: New York Times, Late Edition (East Coast), 24 April 2022.

14 「Gatebox×ChatGPT 連携実験」、https://www.gatebox.ai/inside/230505-gatebox-chatgpt-demo

15 Ｋを演じているライアン・ゴズリングは、『ラースと、その彼女』のラースの役をつとめていた。

16 TENGA 研究会（編）『TENGA 論』（竹書房、２０１１）56頁。

17 「【魂の中小企業】「性を表通りに」、TENGA の挑戦：２　愛、自由、平等」、『朝日新聞デジタル』２０１９年1月23日。

18 「女性用アダルトグッズ「イロハ」ただいま追加生産中」、『週刊朝日』２０１３年5月10日号。

19 女性向けの恋愛シミュレーションゲームも１９９０年代半ばからリリースされている。「電ファミニコゲーマー」、https://news.denfaminicogamer.jp/180419b

20 “Wie krass sollen Orgasmen noch werden?” In: ZEIT, 2022.09.18 https://www.zeit.de/campus/2022-09/sexspielzeug-sextoys-maenner-orgasmus

21 ダナ・ハラウェイ（高橋さきの訳）『猿と女とサイボーグ——自然の再発明』（青土社、２０００）４９２−４９３頁。なお、原文は Donna J. Haraway: Simians, cyborgs, and women : the

reinvention of nature. New York : Routledge, 1991 を参照。

22 Cyborgs at Large: Interview with Donna Haraway. Constance Penley and Andrew Ross. In: Social Text. No. 25/26（1990）. P.18.

23 １９９５年にはアルケール・ロザンヌ・ストーンが、「私にはよくない性癖がある。自分の人工補完［prosthesis］に恋してしまう人間なのである」、と告白した。ストーンがプロテーゼとして挙げているのは、ラジオ、コンソール、そしてラップトップ・パソコンだ。アルケール・ロザンヌ・ストーン（半田智久、加藤久枝訳）『電子メディア時代の多重人格――欲望とテクノロジーの戦い』（新曜社、１９９９）４頁。なお、原文は Allucquère Rosanne Stone: The war of desire and technology at the close of the mechanical age. Cambridge, Mass. : MIT Press, 1995 を参照。

24 １９９６年以降、繊細さをそなえた人間には、「Highly Sensitive Person」という名称が付けられるようになった。エレイン・Ｎ・アーロン（片桐恵理子訳）『敏感すぎる私の活かし方――高感度から才能を引き出す発想術』（パンローリング株式会社、２０２０）を参照。

25 ギリシア神話において、みずから像をつくり、その像を愛したのは、ピュグマリオンという男性だけではなかった。オウィディウスの『へーローイデス』に登場するラーオダメイアは、戦に遠征した夫がいない寂しさに耐えるために、蠟で夫の像をつくり、それを抱擁した。オウィディウス（高橋宏幸訳）『へーローイデス』（平凡社ライブラリー、２０２０）１６４頁。また、ヒュギーヌスが伝えるところでは、彼女は夫の像を抱きしめ接吻したとのことだ。ヒュギーヌス（松田治、青山照男訳）『ギリシャ神話集』（講談社学術文庫、２００５）１５６－１５７頁。アポロードスによれば、ラーオダメイアは夫の像と交わった。アポロドーロス（高津春繁訳）『ギリシア神話』（岩波文庫、1953）195頁。ピュグマリオンとラーオダメイアはどちらも、不在の他者をつくり愛すという点で同じだが、ラーオダメイアがつくった像が実在した夫をかたどっているのにたいし、ピュグマリオンがつくった像はシミュラークルである点で、決定的に異なる。

26 ジェニー・クリーマン（安藤貴子訳）『セックスロボットと人造肉――テクノロジーは性、食、死を〝征服〟できるか』（双葉社、2022）118頁。

27 『小松左京全集完全版』（城西国際大学出版会、2010）第15巻、140頁。

11.いるけどいない：脱他者化

疑似他者の開発がすすむ「とんでもない時代」における他者のポジションを考えるにあたり、本書の出発点であるオウィディウスのピュグマリオン物語を振りかえっておきたい。ピュグマリオンは実在する他者であるアマトゥスの娘たちを忌避し、象牙を彫って理想の女性像をつくった。この疑似他者だけをピュグマリオンは愛し、それを、いや彼女を抱擁し、性交する。その結果、パポスという娘が生まれる。パポスの息子であるキニュラスも子どもを授かった。オウィディウスは、キニュラスは「子供さえなかったなら、しあわせな人間と呼ばれえたことだろう」(下、77)、と付言する。このエピソードは、ピュグマリオン・ラブの変奏史を長々と説明してきたすえに私がたどりついた「とんでもない時代」における、実在する他者を考える手がかりを与えてくれる。他者との関係は、相手が異性であれ同性であれ、他者との性愛のプロセスにおいて、もっとも先鋭的に現れ、もっとも激しく変化する。

このことは三つの点で確認することができる。まず、性的な結合は他者にたいして物理的に力を及ぼすことであり、他者の否定とみなすことができるが、他者がそれを許可するためには、その他者が充分に尊重されていることが他者自身に伝わらなければならない。このプロセスが面倒だと感じられ、それをスキップしたいならば、実在する他者ではなく疑似他者と交わればよい。次に、オルガスムスにおいては一時的に他者と自己との境界線が消える。普通の言い方をすれば、他者と自己が重なり、一体化する。最後に、相手が異性の場合は、その結果として生まれる子は、その子を宿した女性にとって、自己から他者へと変化していかざるをえない。自己から離脱して、自己にはむかう他者となる可能性もある。このような他者を避ける方策の一つが、疑似他者との愛の生活を営むことだった。もう一つの方策が脱他者化である。

脱他者化は二つに区別することができる。一つは、実在する他者との交渉をできる限り必要のないものにすること、そこから脱退することである。もう一つは、実在する他者との交渉において、他者の他者性が配慮されなくなること、他者の他者性を脱落させることだ。実在する他者が眼前にいるにもかかわらず、ということがこの2つめの脱他者化の眼目である。具体的に説明しよう。

疑似他者の使用目的の一つがオナニーだったことはまちがいないだろう。ユーザーにとって疑似他者は、ピュグマリオンが彫った像と同じく、自分の美意識を最大限に充たしてくれる外見をそなえているうえに、性交渉を拒否しないばかりか、そこに至るプロセスも不要だ。性感染症への不安もない。20歳から49歳までの日本人の性行動に関する調査報告[1]

によれば、女性の48・1パーセント、男性の88・3パーセントが自慰行為をしており、女性の35・5パーセント、男性の84・1パーセントがポルノを利用している。商業的な性風俗サービスの利用率も高いとのことだ。そのようなサービスは、金塚貞文の言葉をかりれば、「自分の手を、娼婦の身体にもちかえた自慰」であり、娼婦の身体は「性的世界に生きる私の身体の延長」である。しかし娼婦は実在する他者であり、「娼婦を愛することもできる」[2]。金銭が媒介しないとき、娼婦は一人の女性に、買春者は一人の男性になる。女性はその男性からの性交の申し出をことわることができる。彼女は狭義の他者になる。金銭が媒介しないにもかかわらず、女性に性交を強要する場合が、脱他者化だ。その代表例が、ドメスティック・バイオレンスである。これについては後述することとし、ここでは、実在する他者との交渉からの退却というかたちをとった脱他者に今しばらくとどまりたい。

主にアメリカ合衆国での調査にもとづく『男子劣化社会』には、若い男性の多くが、「オンラインポルノを見ながらのマスターベーションか、生身の女性とのデートかのどちらかを選べ」[3]と言われたら、前者を選ぶというエピソードが紹介されている。『her 世界でひとつの彼女』に登場するサマンサの声を担当したのはスカーレット・ヨハンソンだった。この映画は2013年に公開されたが、同じ年、スカーレット・ヨハンソンは『ドン・ジョン』という映画にも出演した。こちらは声だけの出演ではない。セクシーな美女という役回りだ。タイトルがすでに暗示しているように、主人公ドン・ジョンは漁色家で、夜ごとに女性をクラブから「お持ち帰り」する肉食系の美青年である。彼はしかし、それでは満足できず、毎日ポルノを鑑賞しないではいられない。彼はスカーレット・ヨハンソンが演じるバーバラと知り合い、愛しあうようになるが、それでもポルノ鑑賞をやめることができず、ある日、彼女にその現場を目撃されてしまう。バーバラにふられたドンは、通っていた夜間学校でエスターという中年の女性と知りあう。エスターはドンからバーバラにふられた経緯を聞く。ドンによれば、ポルノのほうが実際のセックスよりもいい、なぜならポルノのほうが没頭できる［I lose myself］から、と弁明する。それにたいしてエスターは、セックスに没頭するためには、相手［another person］に没頭しなければだめ、そうすれば相手もあなたに没頭する、とアドバイスする。セックスは本物の他者との相互的な自己喪失によってはじめて可能になるということを、ドンは知ることになる。

今から250年以上前にも、オナニーがセックスの悦ばしき代理であることを公言した男性がいた。しかもそれは、いわゆるポスト構造主義を励起するきっかけにもなった。

やがて安心すると、わたしは、わたしのような気性の青年たちに、健康や元気や時には生命さえ犠牲にして、種々の放蕩をまぬがれさせるところの、あの自然をあざむく危険な手段を知った。羞恥心と内気から便宜と考えられるこの悪習は、なおまた、熾《し》烈《れつ》な想像力をもつものにはたいへん魅力がある。つまり、異性を自分の意のままにあつかうことができ、誘惑を感じる美しいひとを、そのひとの同意をえるまでもなく自分の快楽に都合よく利用できるからだ。[4]

ここで「危険な手段」と大胆に意訳されている語句は、原文では〝dangereux supplément〟で、「危険な補助手段」である。デリダはこの〝supplément〟に注目し、ルソーにとっての「危険な補助手段」としてのオナニーからその肉体性を捨象して、「代補」という日本語があてられることになる概念を編みだした。デリダは、ルソーにとって「補助手段」であるオナニーが本来のセックスにとってかわるという倒錯を抽象化して、後から付け加わるという副次的な役割しか認められていないものが本体をのっとるという構造を浮かびあがらせ、それによって、音声中心主義を批判する基盤を得た。私はしかし、デリダが選んだ抽象化や概念化という操作の手前で立ち止まり、代補の構造を思いきって通俗化してみる。セックスの代補であるオナニーは、今ではセックスよりも選好されている。本体はのっとられつつある。

内閣府から出されている『令和4年版　少子化社会対策白書』[5]によると、20世紀半ば以降の合計特殊出生率は、欧米でもアジアでも低下傾向にある。日本では未婚化も進行している。日本家族計画協会の『家族と健康』に掲載されている「海外情報クリップ」[6]（2023年6月1日）によれば、アメリカでは思春期のセックスレスが進んでいるらしい。「思春期男女（14〜17歳）と成人男女（18〜49歳）それぞれ約800人と約3000人の、2009年と18年のデータを比較」した結果、思春期男女は異性パートナー間の性交が皆無だったという回答が大幅に増加したが、オナニーの割合は横ばいか減少していた。成人男女のうち、過去1年間はオナニーだけという割合は男性では21パーセントから30パーセントへと増加し、女性は28パーセントでほぼ増減なしだった。ひょっとすると、オナニーが異性間の交渉を代補するフェーズが、じょじょに、オナニーすら行われないフェーズに移行しているのかもしれない。いずれにしても、いわゆる現実世界のみならず、ヴァーチャルな世界においても、主体のセクシュアリティからは他者が退却しつつあるようだ。

あたかもこのような傾向と同期するかのように、生殖医療のテクノロジーの開発が急速に進んでいる。[7] 夫以外の男性の精子を使用する人工授精や、妻以外のお腹を借りる代理母出産にとどまらない。今では精子を凍結保存することができるようになり、凍結精子が精子バンクに保存され、国境を超えて売買されるようになった。女性同士のカップルは、提供された精子を使って妊娠することが可能になったし、男性同士のカップルは、提供された卵子と自分たちの精子で受精卵をつくり、代理母に出産してもらうという方法を選ぶこともできる。今や生殖は、お互いに顔と名前を知っている男女以外の間でも可能になったのだ。それは他人の間の生殖であり、他者同士の生殖ではない。他者同士の生殖には、双方の身体を使用するための葛藤や駆け引きや愛情などからなる心的なプロセスを経ることが必要だ。それとは異なり、他人の間の生殖では、少なくとも生殖のために身体を生物学的に合一させる必要はない。生殖にあたって、親という主体は他者への依存から解放されつつあるといえる。

出産にあたっても、主体は脱他者化することが容易になりつつある。従来、子供に発病の可能性があるかどうかは、妊娠成立後の出生前診断によって確認されていたが、新型着床前診断は、病気のない子供に育つことができる胚だけを選びだすことを社会的に可能にした。障がいのある子供は、親という主体にとって他者性が非常に高い。

すでに述べたように、二種類の脱他者化を区別することができる。ここまでは、実在する他者との交渉をできる限り必要のないものにし、実在する他者の他者性を限りなく低減する脱他者化について説明した。もう一つの脱他者化は、実在する他者と対峙しているにもかかわらず、その他者の他者性を主体が配慮しない、あるいは無視するという現象である。そのとき、欲望される他者は、あたかもシミュラークルであるかのように扱われ、物理的に傷つく。自分が欲望する他者を自分の意のままに扱うことができると妄想し、その他者の同意を得ることなく、その他者の身体に接触したり、接触しようとしたりすることがこれにあたる。典型的な現象がドメスティック・バイオレンスだ。内閣府男女共同参画局が作成した「配偶者暴力相談支援センターへの相談件数の推移（年次）」[8]によると、「配偶者暴力相談支援センターへの相談件数は、令和２（２０２０）年度に過去最高となり、高水準で推移」している。配偶者ではなく交際相手がふるう暴力であるデートＤＶも増加している。[9]児童虐待は２０２２年度には過去最多となった。[10]暴力をふるう主体は、実在する他者に他者性を認めない。他者は人形とみなされる。

ピュグマリオン的欲望は長きにわたって語られ描かれてきた。それが、20世紀に入ると新しいテクノロジーを引きよせ、語られ描かれるにとどまらず、生きられるようになった。

生きられるようになったがゆえに、それは法や倫理とぶつからざるをえない。そもそも、生きられる現実は他者との心的および物理的な交渉によって構成されるのだから、ピュグマリオン的欲望を十全に実現することは困難なはずだ。

1 Cyrus Ghaznavi, Peter Ueda, Ayako Okuhama & Haruka Sakamoto (2023): Sexual Behaviors among Individuals Aged 20-49 in Japan: Initial Findings from a Quasi-Representative National Survey, 2022, The Journal of Sex Research. Vol.61, Issue1 (2024) pp.9-20.

2 金塚貞文『オナニスムの秩序』(みすず書房、1982)101、105頁。

3 フィリップ・ジンバルドー、ニキータ・クーロン(高月園子訳)『男子劣化社会』(晶文社、2017)199頁。

4 ルソー(桑原武夫訳)『告白』(岩波文庫、1965)上巻、155-156頁。

5 内閣府(編)『令和4年版 少子化社会対策白書』(日経印刷、2022)219頁。

6 『家族と健康』 https://www.jfpa.or.jp/kazokutokenko/topics/rensai4/001743.html

7 生殖医療に関する以下の記述は、小林亜津子『生殖医療はヒトを幸せにするのか——生命倫理から考える』(光文社新書、2014)に負っている。

8 https://www.gender.go.jp/policy/no_violence/e-vaw/data/pdf/soudan_kensu_r04.pdf

9 「認定NPO法人エンパワメントかながわ」の理事長である阿部真紀によれば、2011年から２０２１年までのデートＤＶの年間相談件数は増加している。https://readyfor.jp/projects/datedv110

10　https://www.cfa.go.jp/assets/contents/node/basic_page/field_ref_resources/a176de99-390e-4065-a7fb-fe569ab2450c/12d7a89f/20230401_policies_jidougyakutai_19.pdf 児童（とくに女児）の誘拐事件も、ピュグマリオン・ラブが引き起こした犯罪の系列に入る。たとえば、２０１４年に岡山県で11歳の女児を誘拐・監禁した犯人は、取り調べにたいして、「好み通りに育て、結婚するつもりだった」、と動機を語った。『毎日新聞』２０１４年7月22日東京朝刊。

12．ピュグマリオン・ラブと他者

疑似他者は主体にとってまだぎりぎりのところで外在的だった。場合によっては、主体は疑似他者として機能しているツールを捨てることもできなくはない。だがしかし、疑似他者は、しだいに主体に内在するようになる。主体の一部と化す。疑似他者が主体にとって不可欠な構成要素となる。主体は狭義の主体ではなくなる。もったいぶった言い方に変換してみると、主体は疑似他者と共棲することで、新たな主体へと強制される。

解きほぐしてみる。小松左京がマクルーハンの『機械の花嫁』というエッセイにインスパイアされて、短編小説を書いたことにはすでに触れた。小松が題名からだけインスパイアされたマクルーハンの『機械の花嫁』のなかで、マクルーハンは、サミュエル・バトラーの『エレホン』を引きながら、機械が有機体に似てくるのに比例して、「機械を世話する人間の方では逆に思考力を欠いた融通のきかない機械の行動様式を身につける」[1]ようになったと指摘する。融通がきかないかどうかは別として、機械やプログラムがシンギュラリティに向かって人間を超えようとする一方で、人間が機械に近づいていく時代が予見されている。マークシートに記載されている少数の選択肢から正解を選ぶことで、最高学府で思考する資格を得ることができたり、事前に与えられたごく少数の有限個のカテゴリーに自分のデータを入力することで、自分のプロフィールを属性の束として提示することができたり、時として、「私はロボットではありません」という選択肢をクリックしなければ、ロボットとみなされてしまう、そういう時代に私たちは今、生きている。

私たちが生きている時代を予示した『機械の花嫁』は1951年に発表された。マクルーハンの主著である『メディア論――人間の拡張の諸相』が公刊されたのは、『機械の花嫁』が発表された10年以上後の1964年のことだった。人間が機械を花嫁にする場合、人間と機械は少なくとも物理的には別の存在だ。『メディア論――人間の拡張の諸相』では、人間と機械とが結婚したことで、人間の能力が拡張することに重点が置かれている。しかし、それは単に楽観的な機械信仰に由来する進歩主義ではない。人間の基体が厳然と存在し、それに様々なメディアが加算されることで、人間の能力が高まっていくのではなく、人間の基体が変わる、あるいは人間というユニットの輪郭線が揺らいでいく。

技術という形態でわれわれ自身を拡張したものを見ること、使うこと、知覚することは、不可避的にそれを抱擁することになる。ラジオを聞くこと、印刷されたページを読むことは、われわれ自身の拡張したものを自身のシステムのなかに受容することであり、そのあとに自動的に生ずる「閉鎖」あるいは知覚の置換を経験することである。

日常使用している自分自身の技術をたえず抱擁しつづけると、われわれは人間自身のこういうイメージにかんして意識下で自覚と麻痺を起こすナルキッソスの役割を演じないわけにいかなくなってしまう。たえず技術を抱擁しつづけると、われわれは自動制御装置としてそれらに自身を関係づけることになる。だからこそ、それらを使いこなすためには、これらの対象、これらわれわれ自身の拡張したものに、それが神あるいは小さな宗教ででもあるかのように仕えなければならなくなる。インディアンは自分のカヌーの、カウボーイは自分の馬の、重役は自分の時計の、それぞれ自動制御装置だ。／生理的には、技術（すなわち、自身の多様に拡張した身体）を正常に使用している人間は、たえずそれによって変更を受け、また逆に、たえず自身の技術に変更を加える方法を見出す。ちょうどハチが植物の世界の生殖器であるように、人間は機械の世界のいわば生殖器となり、つねに新しい形式をその世界に受胎させ、進化させる。機械の世界は人間の愛に応えて、人間の願望と欲求を促進する、つまり、富を与えることで。動機調査の功績の一つは、人間と自動車の性的関係を明らかにしたことであった。[2]

ここでもまだ、機械の花嫁というイメージが残存している。人間が「受胎」させる、と書かれているから、機械の使用者が「生殖器」を持つ男性で、機械が女性というイメージなのかもしれない。いずれにしても、人間と機械が接合する、ないし結婚するまでは、両者はそれぞれ別々の存在で、それぞれが自存している、ということが前提されている。しかし、10年以上前に書かれた『機械の花嫁』とは異なり、ここでは二者の接合の可能性よりも、受胎がおこなわれたことで生成する「閉鎖［closure］」に焦点があわせられていることに注目したい。受胎されたならば、そのあとで子が生まれるはずだが、このテクストにはそのことが言及されていない。人間と機械とが一つの閉域を形づくる。しかもそこでは、人間は機械を作動させる意思の発生源ではなく、機械の「自動制御装置［servo-mechanism］」になりさがる。"servo-"はラテン語の"servus"（奴隷）に由来する。しかし、機械に隷属し、「自動制御装置」となった人間は、虐げられ、苦しむのではない。むしろ逆に、この閉域は至福に満たされている。マクルーハンがナルキッソスを引き合いに出したことがそれを示している。水面という鏡の「自動制御装置」になることが、ナルキッソスに至福をもたらしたというのがマクルーハンの説明だ。

『薔薇物語』では、ピュグマリオンはナルキッソスと自らの境位を比較して、自己正当化していた。復習してみる。ナルキッソスは自己と自己の鏡像がつくる閉域で安らっているが、両者が接触することはない。ピュグマリオンからすれば、それは「夢」にすぎない。ピュグマリオンとナルキッソスを比較している私たち、つまり現実世界に生きているとされる人間から見れば、生身の他者が不在であるのだからナルキッソスとピュグマリオンに違いはない。しかしながら、ピュグマリオンの境位に身を置いてみると、対象の物質的な手触りと対象からの音声による返答が、「夢」のような体験を現実につなげる通路を保証してくれる。だが今や私たちが使うことができるメディアは水面だけではない。疑似他者たちは現代の水面だ。ナルキッソスとピュグマリオンはもはや区別できない。

ピュグマリオンと疑似他者とが結び合ってつくる閉域には、外部からの呼びかけはとどかない。ナルキッソスへの呼びかけが無駄に終わったのと同じだ。この閉域内での至福は外部への感覚を遮断する。このことは、上記の引用文からも読みとることができるが、マクルーハンがこの章に与えたタイトルには、そのことが明確に指示されている。この章に付けられたサブ・タイトルは邦訳では「感覚麻痺を起こしたナルキッソス」となっているが、原著では、“Narcissus as Narcosis”である。Narcissus と Narcosis は語源の上でつながっていないから、あの “The Medium Is the Massage” と同じように、これはマクルーハン一流の言葉遊びにすぎないともいえる。だが、どちらの言葉遊びでも、複雑な理路が、頭韻を踏んだキャッチ・フレーズに凝縮されている。ナルキッソスは、閉域内の至福に浸りきり、自足し、深く眠っている。結び合ったナルキッソスと鏡像、人間と機械、ピュグマリオンと疑似他者は、閉じられた一つの球体の中で合体する。それとは異なり、生態系における蜂と植物の接合は、閉じた球体をつくらない。合体の結果は胚となって、次世代を産みだす。人間がコンピュータと協力して新製品を開発する場合も、その協力は外部に開かれていると考えることができる。いずれにしても、球体は外部に開かれているのだ。だが、人間と疑似他者との接合は何も産みださない。その球体の維持が自己目的化する。

疑似他者だけではない。脱他者化された他者は、主体によって文字どおり閉域に監禁されている。そこでは他者はおそろしく軽くなっている。だがしかし、マクルーハンと同じ頃に、他者に最大級の重さを認めた人がいた。ナルキッソス＝ピュグマリオンにおける他者の対極で、他者について言葉を重ねたのがレヴィナスだ。対極という以上は、両者がなんらかの同一平面に並べられていなければならない。他者の耐えられない軽さと、他者の耐えられない重さとが、比較のための平面を拡げてくれる。一方は、「機械の花嫁」という疑似他者、つまり人間がつくった他者であり、他方は、その顔が「殺すな」と命じる他者、人間が到達できない「無限」の他者である。レヴィナスによれば、他者は他者の顔において、私にたいし現前する。

> 〈他者〉の比類のない現前は、私が〈他者〉を殺すことはできないという倫理的な不可能性のうちに書きこまれている。〈他者〉とは権能のおわりをしるすものなのだ。私が〈他者〉に対してもはや権能をふるうことができないのは、私が〈他者〉について所有しうるすべての観念を、〈他者〉が絶対的にあふれ出してしまうからなのである。[3]

この引用の直前で、私はレヴィナスが「他者について言葉を重ねた」という、もってまわった表現を選んでしまった。「理解した」とか「考察した」とは書かなかった。それは、レヴィナスが念を押しているように、私が他者について概念的に理解したとしても、他者はその理解を「絶対的にあふれ出してしまう」からだ。他者は、物理的に主体にコントロールされないだけではない。主体は、他者を対象として下に立てたり（under-stand）、他者を対象として思惟の中に含み込んだりする（com-prendre）ことができないのだ。他者はまさに疑似他者の対極にある。「対極」もまた、レヴィナスが私たちに伝えようとする「他者」を冒瀆する言葉かもしれない。なぜならば、「他者の顔をつうじてまさに、神がみずから啓示する高さが現出する」[4]のであって、それは私と他者の同一平面上の対峙ではないからだ。メディア・テクノロジーが与えてくれる享楽を日々消費し、レヴィナスのテクストを限りなく遠ざけて生活するならば、他者の顔は、しかも数知れない他者の顔は、マッチング・アプリのなかでスクロールされ、流れていくだけだ。私たちは他者の顔にとどまらない。他者の顔は選択可能だし、削除することもできる。いや、場合によっては、存在しない他者の顔をつくって遊ぶことさえできるのだ。そこには、神が入る余地はどこにもない。他者と神とを結びつけることは、今や絶望的なまでに困難だ。

どうすればいいのか。他者と神とを結びつけるための媒介項を、岩田靖夫が差しだしてくれる。岩田は『カラマーゾフの兄弟』のなかで悪魔が口にする「神が存在しなければすべては許される」と、ニーチェが宣言した「神の死」とが、20世紀に起こった人間の蛮行によって「経験的事実」になってしまったことを確認したあと、他者に神を重ねる。

家畜輸送用の貨車に寿司詰めにされてユダヤ人が絶滅収容所に運ばれていったとき、

貨車の中で苦しんでいたのはユダヤ人であったと同時に神であったに違いない。無用の人間として選別されたユダヤ人がガス室で煙にされた時、そこで煙となってたち上ったのはユダヤ人の姿に痕跡を残した神であったに違いない。すなわち、他者を奴隷化し、酷使し、搾取し、道具化し、物化し、自己の中に取り込み、支配し、同化し、植民地化し、そして、殺すことが、神を殺すことなのである。／そうであれば、神は他者として生きかえらなければならない。すなわち、他者が絶対に奴隷化してはならない者、同化してはならない者、殺してはならない者であるならば、他者は無限に高い者でなければならないのであり、その意味で神の痕跡でなければならないのである。[5]

もちろん私たちは、神が生きかえることを望まないこともできる。疑似他者と戯れたり、実在する他者から他者性を脱落させたりすることもできるかもしれない。その道徳的な可否を問う能力と資格は、私にはない。というか、そのように私が自己免責してもとがめられないであろうことを予期できるということ自体がすでに、神が死んだことのあかしだ、といえる。ただし、レヴィナスや岩田の言葉をそのまま受けとめた上で、受けとめた自分が生きている時代における自己と他者の関係に眼差しを向けてみると、そこには他者なき時代における他者への愛がとる不思議な図が浮かびあがる。

ピュグマリオン的欲望が十全に充たされるためには、今や主体は、象牙や大理石を見事な美女に彫り上げる必要はないし、実在する女性を教育する必要もない。主体のピュグマリオン的欲望は、夢みられ、語られ、描かれ、彫られるだけでなく、生きられるところまできた。20世紀以降のテクノロジーは、主体が自分の愛をふり向けることができる他者をつくることを実際に可能にしつつある。それにともない、主体は他者の他者性を認める力を失いつつある。ピュグマリオン的欲望に駆動される主体は、現在、本人の感覚としては他者を自分のものにしている。他者をとりこんでいる。しかしピュグマリオンは、私たちから見れば、限りなくナルキッソス化している。ナルキッソスの球体の閉域の内部で、ピュグマリオンとしての主体は疑似他者と（あるいは最悪の場合は、脱他者化された他者と）抱きあったまま、一つのユニットとなって夢を見つづけている。しかも、ナルキッソスと水面がつくった閉域とは異なり、今や、この球体の内部には、アリスが飛びこんだラビット・ホールのように、現実世界とは異なるもう一つの外部世界に通じる経路も開かれている。クリックすればいいだけだ。それは、よりナルシスティックに他者関係を構築することができるヴァーチャルな世界である。

私は、レヴィナスや岩田が差しだしてくれたような他者の場所が消滅しつつある現在でもなお、他者を愛するというリビドーが残存している以上、疑似他者と脱他者化は不可避なのかもしれないと嘆息するか、それとも、それがポスト・ヒューマンの時代を告げていることを確認して満足するか、それとも、不可能であることをおぼろげに予感しつつ、他者を神として生き返らせる道をよろけながら歩むか、まずは選択しなければならない。選択できる、と妄想しつつ。

1　マーシャル・マクルーハン（井坂学訳）『機械の花嫁――産業社会のフォークロア』（竹内書店新社、1991）238頁。

2　マーシャル・マクルーハン（栗原裕、河本仲聖訳）『メディア論――人間の拡張の諸相』（みすず書房、1987）48-49頁。リックライダーは1960年、「人間とコンピュータの共生［Man-Computer Symbiosis］」というタイトルの論文を発表した。タイトルからしてすでに、4年後に発表されるマクルーハンの『メディア論――人間の拡張の諸相』との関連を想起させる。この論文の冒頭部では、人間とコンピュータとの関係が、生態系の比喩で説明される。「イチジクの木は、ブラストファガという蜂によってのみ受粉する。この蜂の幼虫はイチジクの木の子房の中で生き、そこで食物を得る。だからイチジクとこの蜂は強く相互依存している。イチジクはこの昆虫がいなければ繁殖できず、この蜂はイチジクがなければ食べることができない。イチジクと蜂が結ぶパートナーシップは、結ぶことも可能なパートナーシップであるばかりでなく、生産し繁殖させるものでもある。このように、「二つの異質な生物が親密な関係のなかで、というよりは緊密な結合のなかで」、協力しながらいっしょに生きることは、共生と呼ばれる」。J. C. R. Licklider: Man-Computer Symbiosis. https://groups.csail.mit.edu/medg/people/psz/Licklider.html　マクルーハンがリックライダーのこの論文を読んでいた、あるいは知っていたか、あるいは逆にリックライダーがマクルーハンの『機械の花嫁』にインスパイアされたかは、問う必要はないだろう。機械と人間との接合が、その度合いはそれぞれ異なるにせよ、１９６０年代あたりの表象の「苗床」、あるいはエピステメーだったことが確認できれば、それで十分だ。「苗床」については、神尾達之『つながりのつながりのつながり』（論創社、２０２２年）２０５-２１０頁を参照。

３　レヴィナス（熊野純彦訳）『全体性と無限』（岩波文庫、２００５）上巻、１６３頁。レヴィナスの主著はマクルーハンの主著と同じく、１９６０年代前半に公刊された。二人がそれぞれの思想を知らなかったであろうことは、ほぼまちがいないだろう。両者を並べるのは、半世紀を経た後知恵である。

４　レヴィナス（熊野純彦訳）『全体性と無限』（岩波文庫、２００５）上巻、１４６頁。

５　岩田靖夫『神なき時代の神——キルケゴールとレヴィナス』（岩波書店、２００１）１８２-１８３頁。

ウェブ上のリソースの最終閲覧日は、すべて2024年8月18日。

あとがき

本書の大意を手短に要約します。

自分が愛する他者は、自分が理想とする姿をとり、自分に従順であってほしいという欲望は、古来、多くのテクストやヴィジュアル・イメージに表現されてきました。その欲望はフィクションやアートで描かれるにとどまらず、20世紀から21世紀の転換期には実現しつつあるようです。ただし、この「実現」の意味はいささか厄介です。いわゆる狭義の現実とヴァーチャルな世界を截然と区分する境界線が薄くなるにつれて、という条件のもとでの「実現」です。

博報堂生活総合研究所は、1994年から2024年までの30年間の若者（19歳から22歳までの未婚男女）の意識調査を2024年7月に発表しました。「今一番欲しいもの」が

10位まで掲載されたランキングでは、この30年間で、「恋人」が5位から10位へと大きく順位を下げたことがクローズアップされています。1位は30年前も今も同じで、「お金」ですが、スコアは53・6%から71・3%に上がっています。ところが、1994年のランキングにはかろうじて9位にすべりこんでいた欲望の対象が、2024年のランキングでは見あたりません。なんだと思いますか。「恋人」はいちおう10位にふみとどまっています。消えたのは「愛」です。この30年の間に、「恋人」や「愛」が欲望されなくなった、いわば「恋人」や「愛」の株価が無残なまでに下落しました。

「失われた30年」というのは、日本経済の低迷期を指し示す言葉ですが、この時期には経済と並行して、「恋人」や「愛」も低迷していたようです。経済、つまり「お金」と、「恋人」や「愛」になんらかの因果関係があるかどうかは分かりません。ただし経済については、先だって株価がバブル期を超えたことから、低迷期は脱したとみなす識者もいます。それならば、「恋人」や「愛」の価値も右肩上がりになるのか。その気配はありません。一般には、「恋人」や「愛」が欲望されなくなったのは、「お金」が足りないことにその原因が求められているようです。私見では、「恋人」や「愛」の価値が決定的に下落したように見えるのは、それらが実は手もとにすでにある、しゃかりきにならないでも容易に入手できるからです。もちろん、「恋人」や「愛」という言葉は同一ですが、その内実は致命的に変わってしまっています。

ちょうど本書の原稿を書き終えた私は、そう思いいたりました。少しばかり手垢のついた言い方をすれば、そんなものは心の持ちようとお金さえあればなんとかなる、ということなのかもしれません。少しばかり高尚な言い方に翻訳すると（というか、知的な表現を断念することができないままに本書を執筆してしまった私の言葉を、あとがきでも再投入すれば）、そんなものは想像力とテクノロジー（を購入するお金）があればなんとかなる、ということです。

このような時代の診断がそれなりに正しいとすれば、もっとも下落した株は他者です。しかし「私」がハッピーになるためには、少なくとも現時点でも、他者は不可欠です。ですから、狭義の他者の漸進的な消失を補うべく、疑似他者がつくられ、脱他者化が進行しています。その流れに歯止めをかけることができるのか、分かりません。ひょっとすると人びとが自覚しないままに、「このまま進もう」という集合的な意志が社会を動かしているのかもしれません。

「萌え」や「二次創作」や「推し」といったサブカルチャーの現象を扱うことも考えましたが、禁欲しました。それらの文化現象に潜んでいる心的、経済的、美的なメカニズムについては、本書の理論枠を使えば比較的簡単になんらかの解法を見いだすことができそうだ、と予感したからです。それに、下手に私が口だししないでも、それらの文化現象に通暁した若者たちは、私が設定した理論枠の限界につきあたり、それを全面改築してくれるにちがいありません。くわえて、そのような考察を行うことによるポジティブな副作用として、考察主体が自分自身と他者との関係をみつめなおしてくれるならば、それにまさる喜びはありません。「このまま進もう」が、「いや待てよ」に変じるきっかけになるかもしれませんから。

今回もまた、前著『つながりのつながりのつながり』と同じく、編集を担当してくださった論創社の松永裕衣子さんには、たいへんお世話になりました。ありがとうございました。学期中はなかなか作業が進まず、松永さんにはご迷惑をおかけしてしまいました。申し訳ありませんでした。

本書は配偶者である遊子に捧げます。私が、年ごとに衰えつつあるように思われる脳力を最大限に稼働させ、本書をなんとか完成するところまでこぎつけることができたのは、ひとえに、彼女が日々用意してくれた美味しい三食のおかげです。ありがとう！

神尾達之（かみお・たつゆき）
1954年東京生まれ
https://sites.google.com/view/tkamio

ピュグマリオン・ラブ
——他者なき世界における他者への愛

2024年12月10日　初版第1刷印刷
2024年12月20日　初版第1刷発行

著　者　神尾達之
発行者　森下紀夫
発行所　論 創 社
東京都千代田区神田神保町2-23　北井ビル
tel. 03（3264）5254　fax. 03（3264）5232
web. https://www.ronso.co.jp/
振替口座　00160-1-155266

装幀／奥定泰之
組版／加藤靖司
印刷・製本／中央精版印刷
ISBN978-4-8460-2480-2　